କାଞ୍ଚି ବିଜୟ କଥା
(ଐତିହାସିକ ନାଟକ)

କାଞ୍ଚି ବିଜୟ କଥା

(ଐତିହାସିକ ନାଟକ)

ରମେଶ ପ୍ରସାଦ ପାଣିଗ୍ରାହୀ

ବ୍ଲାକ୍ ଈଗଲ୍ ବୁକ୍ସ
ଭୁବନେଶ୍ୱର, ଓଡ଼ିଶା

BLACK EAGLE BOOKS
Dublin, USA

କାଞ୍ଚି ବିଜୟ କଥା / ରମେଶ ପ୍ରସାଦ ପାଣିଗ୍ରାହୀ
ବ୍ଲାକ୍ ଇଗଲ୍ ବୁକ୍ସ : ଭୁବନେଶ୍ୱର, ଓଡ଼ିଶା ● ଡବ୍ଲିନ୍, ଯୁକ୍ତରାଷ୍ଟ୍ର ଆମେରିକା

BLACK EAGLE BOOKS

USA address:
7464 Wisdom Lane
Dublin, OH 43016

India address:
E/312, Trident Galaxy, Kalinga Nagar,
Bhubaneswar-751003, Odisha, India

E-mail: info@blackeaglebooks.org
Website: www.blackeaglebooks.org

First International Edition Published by
BLACK EAGLE BOOKS, 2025

KANCHIVIJAY KATHA
(Historical Play)
by **Ramesh Prasad Panigrahi**

Copyright © **Anindita Panigrahi**

All rights reserved. No part of this publication may be reproduced, stored in a retrieval system, or transmitted, in any form or by any means, electronic, mechanical, photocopying, recording or otherwise without the prior permission of the publisher.

Cover: **Sanjay Hati, Prakash Panda**
Interior Design: Ezy's Publication

ISBN- 978-1-64560-678-9 (Paperback)

Printed in the United States of America

ମୁଖବନ୍ଧ

ଷୋଡଶ ଶତାବ୍ଦୀରେ କବି ପୁରୁଷୋତ୍ତମ ଦାସ କାଞ୍ଚି ଅଭିଯାନ କାହାଣୀ ଲେଖିଥିଲେ। ତା'ପରେ ରାମଶଙ୍କର ରାୟ ୧୮୮୦ ମସିହାରେ କାଞ୍ଚି ବିଜୟ କଥା ଉପରେ କାବ୍ୟ ଲେଖିବା ପରେ କବିଚନ୍ଦ୍ର କାଳୀଚରଣ ୧୯୪୬ ମସିହାରେ କାଞ୍ଚି ଅଭିଯାନ ନାଟକ ଲେଖିଥିଲେ। ଜଣେ ପ୍ରଯୋଜକଙ୍କ ଅନୁରୋଧ ରକ୍ଷାକରି ମତେ ପୁଣି ସେଇ କାହାଣୀଟି ଲେଖିବାକୁ ପଡ଼ିଲା ୨୦୨୪ ମସିହାରେ। କବିଚନ୍ଦ୍ରଙ୍କ ନାଟକ ଲେଖାଯିବାର ୭୮ବର୍ଷ ପରେ ମୁଁ ଲେଖୁଚି। ତାଙ୍କ ସମୟରେ ଓଡ଼ିଶା ଇତିହାସ ଲେଖା ଯାଇନଥିଲା। ଆର୍.ଡି. ବାନାର୍ଜୀଙ୍କ ଓଡ଼ିଶା ଇତିହାସ ୧୯୩୦ରେ ପ୍ରକାଶ ପାଇଥିଲା। ଏଣୁ କାଳିବାବୁ ପୁରୁଷୋତ୍ତମ ଦେବଙ୍କୁ ଏକ ଐତିହାସିକ ଚରିତ୍ର ରୂପେ ଚିହ୍ନିବାର ବାଟ ନଥିଲା। ପୁରୁଷୋତ୍ତମ ତାଙ୍କ କଳ୍ପନାର ଏକ ରୋମାଣ୍ଟିକ ନିର୍ମାଣ ଥିଲେ।

୨୦୨୪ ବେଳକୁ ଓଡ଼ିଶା ଇତିହାସ ଉପରେ ପ୍ରଚୁର ଗବେଷଣା ହେଲାଣି ଓ ପୁରୁଷୋତ୍ତମଙ୍କ ମାତା ପାର୍ବତୀ ଦେବୀ ଓ ଅଗ୍ରଜ ହମ୍ବୀର ଦେବଙ୍କ ସଂପର୍କରେ ବହୁ ତଥ୍ୟ ଉପଲବ୍ଧ ହେଲାଣି। ସେଇ ତଥ୍ୟ ଆଧାରରେ ଏ ନାଟକ ରଚିତ।

ଓଡ଼ିଶାରେ ପୁରୁଷୋତ୍ତମ ଦେବ ୧୪୬୭ରୁ ୧୪୭୨ ପର୍ଯ୍ୟନ୍ତ ଶାସନ କରିଥିବା ବେଳେ ତାଙ୍କ ଅଗ୍ରଜ ହମ୍ବୀର ଦେବ ୧୪୭୬ ରୁ ୧୪୯୭ ପର୍ଯ୍ୟନ୍ତ ରାଜତ୍ୱ କରିଛନ୍ତି। କାଞ୍ଚି ଅଭିଯାନର ଐତିହାସିକ ବର୍ଷଟି ସଂପର୍କରେ ତଥ୍ୟ ଉପଲବ୍ଧ ନୁହେଁ। ତଥାପି ଏହା ସତ୍ୟ ଯେ, ଏହା ପଞ୍ଚଦଶ ଶତାବ୍ଦୀର ଘଟଣା। ଏଣୁ ନାଟକର ସଂଳାପର ଭାଷା ତଥ୍ୟ ଦୃଷ୍ଟିରୁ ପଞ୍ଚଦଶ ଶତାବ୍ଦୀର ପୁରୀର ଭାଷା ଉପରେ ଆଧାରିତ। କୌଣସି ଯୁକ୍ତି ଦୃଷ୍ଟିରୁ ପଞ୍ଚଦଶ ଶତାବ୍ଦୀର ପୁରୀର ଭାଷାକୁ ଏକବିଂଶ ଶତାବ୍ଦୀର କଟକ କିମ୍ବା ଭୁବନେଶ୍ୱରର ଭାଷାରେ ଅନୁବାଦ କରି ଲେଖାଯିବା ଅନୁଚିତ। କାରଣ ଆଧୁନିକ ଭାଷା ପୁରୁଷୋତ୍ତମ ଦେବଙ୍କ ଐତିହାସିକ ସତ୍ୟ ଗୁଡ଼ିକୁ ମିଥ୍ୟାରେ ପରିଣତ କରିବ। ଏଣୁ ଏଠାରେ ପଞ୍ଚଦଶ ଶତାବ୍ଦୀର ପୁରୀ ଭାଷାର ପ୍ରୟୋଗ କରାଯାଇଛି।

ଆଶା, ପାଠକମାନେ ନାଟକଟିକୁ ପାଠ କଲାବେଳେ କାଳ୍ପନିକତାକୁ ଗୌଣ କରି ଏହାର ବାସ୍ତବ ଓ ଐତିହାସିକ ଦିଗଟିକୁ ପ୍ରାଧାନ୍ୟ ଦେବେ।

ରମେଶ ପ୍ରସାଦ ପାଣିଗ୍ରାହୀ

ମୋ: ୯୮୬୧୧୪୬୫୫୩

www.rameshprasadpanigrahi.com

କୃତଜ୍ଞତା

- ଯେଉଁମାନେ "କାଞ୍ଚି ବିଜୟ କଥା"କୁ ଲେଖିବା ପାଇଁ ମତେ ଆଦେଶ କରିଛନ୍ତି ସେମାନଙ୍କୁ।
- ଶ୍ରୀମତୀ ପ୍ରଣତୀ ମହାନ୍ତିଙ୍କୁ ଯିଏ ଅତିକମ୍ ସମୟ ମଧ୍ୟରେ ପାଣ୍ଡୁଲିପିକୁ ଟାଇପ୍ କରିଛନ୍ତି।
- ନାଟ୍ୟକାର ଡ.ସଂଜୟ ହାତୀ ଓ ପ୍ରକାଶ ପଣ୍ଡାଙ୍କୁ ଯିଏ ଏ ପ୍ରକାର ପ୍ରଚ୍ଛଦ ଆଙ୍କିଛନ୍ତି।

-ରମେଶ ପ୍ରସାଦ ପାଣିଗ୍ରାହୀ

ନାଟକର ଚରିତ୍ର

୧. ଗଜପତି ହମ୍ବୀର ଦେବ - ବୟସ ୩୦ବର୍ଷ
୨. ସେନାପତି ପାଲଟା ସିଂ - ବୟସ ୩୦ ରୁ ୩୫ବର୍ଷ
୩. ପୁରୁଷୋତ୍ତମ - ବୟସ ୧୮ ରୁ ୨୨ବର୍ଷ
୪. ସାଲ୍ୱା ନରସିଂହା - ବୟସ ୫୫ ବର୍ଷ
୫. ନାରସା ନାୟକ (ବିଜୟ ନଗରର ଓଡିଆ ମନ୍ତ୍ରୀ) - ବୟସ ୫୦ବର୍ଷ
୬. ହମ୍ବୀର ଦେବଙ୍କ ଅମାତ୍ୟ - ବୟସ ୬୦ବର୍ଷ
୭. କଳିଙ୍ଗରେ ଅମାତ୍ୟ - ବୟସ ୫୦ବର୍ଷ
୮. ଭାଟ - ବୟସ ୪୫ ବର୍ଷ
୯. ଶବର ୧ - ବୟସ ୪୦ ବର୍ଷ
୧୦. ଶବର ୨ - ବୟସ ୪୨ ବର୍ଷ
୧୧. ହରିଣ ୧
୧୨. ହରିଣ ୨
୧୩. ବାଘ
୧୪. ୨୦ ଆଦିବାସୀ ଛ ଜଣ
୨୧. ଶବର -୩ - ୪୨ବର୍ଷ
୨୨. ମହମ୍ମଦ ଶାହ - ୩୫ବର୍ଷ
୨୩-୨୬. ଚାରିଜଣ ବାହାମନୀ ପଠାଣ - ୩୦ରୁ ୩୫ ଭିତରେ
୨୭. କଳିଙ୍ଗ ସେନାପତି - ୩୫ବର୍ଷ
୨୮-୩୦. ୩ ଜଣ ବ୍ରାହ୍ମଣ - ୫୦ବର୍ଷ
୩୧. କଟୁଆଳ

୩୨. ବଡପଣ୍ଡା -୫୦ବର୍ଷ

୩୩. ଚମ୍ପାଗଡ ଯୋଗା ସୁଆର - ୩୫ ବର୍ଷ

୩୪. କଳା ପାଇକ - ୩୫ ବର୍ଷ

୩୫. ଧଳା ପାଇକ -୪୦ ବର୍ଷ

୩୬. ଘୋଷକ - ୪୦ବର୍ଷ

୩୭. ମୁଦିରସ୍ତ

୩୮-୪୦. ବଜନ୍ତ୍ରୀ -୩ଜଣ

୪୧. ପୁରୁଷୋତ୍ତମଙ୍କ ବୃଦ୍ଧ ମଂତ୍ରୀ -୬୦

୪୨-୪୩. ପଣ୍ଡା ଓ ରଥ ଉପର ସେବକଗଣ

୪୪-୬୪. ଯୁଦ୍ଧ କରୁଥିବା ସୈନ୍ୟମାନେ

ନାରୀ ଚରିତ୍ର

୧. ପାର୍ବତୀ - ୫୦ବର୍ଷ

୨. ପଦ୍ମାବତୀ -୧୬-୨୨ ଭିତରେ

୩. ସୂର୍ଯ୍ୟବାଳା - ୩୦ବର୍ଷ

୪. ମାଣିକ - ୨୨ରୁ ୨୨ ବର୍ଷ

୫-୭. ତିନିଜଣ ପୋଇଲି

ବି.ଦ୍ର : ନିର୍ଦ୍ଦେଶକ ଚାହିଁଲେ ଏହି ଚରିତ୍ର ସଂଖ୍ୟା ବଢାଇ ପାଇବେ କିମ୍ବା କମାଇ ପାରିବେ।

ପ୍ରଥମ ଦୃଶ୍ୟ

(ମଞ୍ଚ ଅନ୍ଧକାର, କିନ୍ତୁ ସାମ୍ନାର ପରଦା ଖୋଲି ଯାଇଛି । ପ୍ରଚ୍ଛଦ ପଟ ମାଇକ୍ରୋଫୋନ୍‌ରୁ ନାଟକ ସଂପର୍କରେ ଘୋଷଣା ସରିଗଲା, ଧଡାସ୍ କରି ବାଜିଲା ଶଙ୍ଖ ଓ ତାପରେ ଢୋଲ ଓ ବଜନ୍ତ୍ରୀମାନଙ୍କ ବାଜା । ଦର୍ଶକ ଗ୍ୟାଲେରୀର ପଛପଟୁ ଗୋଟେ ବିରାଟ ଗଣେଶ ମୂର୍ତ୍ତିଙ୍କୁ ରାଜପ୍ରସାଦର ସଦସ୍ୟମାନେ କାନ୍ଧରେ ବୋହି ଆଣି ପଟୁଆରରେ ଆସିଲେ କେନ୍ଦ୍ରସ୍ଥ ପୁଷ୍ପପଥ ଦେଇ । ପଟୁଆର ଆସି ସାମ୍ନାପଟୁ ମଞ୍ଚ ଉପରେ ଚଢିଲା ।

ବର୍ତ୍ତମାନ ମଞ୍ଚ ଆଲୋକିତ ହେଲା ଓ ଦିଶିଲା କାଞ୍ଚିରାଜା ସାଲ୍ୟୁଭା ନାରସିଂହାଙ୍କର ରାଜପ୍ରାସାଦର ଅଭ୍ୟନ୍ତର । ଗଣପତି ସ୍ଥାପନା ସରିଲା, ପ୍ରଚ୍ଛଦ ପଟରୁ ସୁରେଶ ୱାଡେକର୍ ଗାଇଥିବା ଅଥର୍ବ ଶୀର୍ଷର କିଛି ଅଂଶ ଶୁଭିଲା ଯଥା:)

ଶ୍ରୀ ଗଣେଶାୟ ନମଃ
ଓଁ ନମସ୍ତେ ଗଣପତୟେ
ତ୍ୱମେବ ପ୍ରତ୍ୟକ୍ଷଂ ତତ୍ତ୍ୱମସି
ତ୍ୱମେବ କେବଳଂ କର୍ତ୍ତାସି
ତ୍ୱମେବ କେବଳଂ ହର୍ତାସି
ତ୍ୱମେବ ସର୍ବ ଖଲ୍ୱିଦଂ ବ୍ରହ୍ମମସି
ତ୍ୱଂ ସାକ୍ଷାଦାତ୍ମାସି ନିତ୍ୟମ୍ ।

ଅଥର୍ବ ଶୀର୍ଷ ଗାନ କରାଗଲା ବେଳେ କାଞ୍ଚିରାଜା ସାଲ୍ୱା ନାରସିଂହା, ସେନାପତି ଓ ମନ୍ତ୍ରୀ ନାରସା ନାୟକା ପ୍ରବେଶ କରି ଗଣେଶଙ୍କୁ ଷୋଡଶ ଉପଚାରରେ ପୂଜା କରିଛନ୍ତି, ଏହାପରେ ମନ୍ତ୍ର ଉଚ୍ଚାରଣ ଶେଷହେଲା ସମବେତ ହୁଳହୁଳିରେ)

(ଏହାପରେ ବାଜିଲା ନୃତ୍ୟର ତାଳ, ପ୍ରବେଶ କଲେ ରାଜଜେମା ପଦ୍ମାବତୀ ଗଣେଶ ତାଣ୍ଡବର ତାଳରେ କୃତ୍ୟମୁଦ୍ରାରେ, ହାତରେ ତାଙ୍କର ପ୍ରଦୀପ, ସେ ଆରତି କଲେ ଓ ଅଥର୍ବ ଶୀର୍ଷର ପଦେ ଆବୃତ୍ତି କଲେ:)

-ଅଥର୍ବ ଶୀର୍ଷ-

ଋତଂ ବଚ୍‌ମି, ସତ୍ୟ ବଚ୍‌ମି ।।୨।।

ଅବତ୍ୱଂ ମାଂ, ଅବ ବକ୍ତାରମ୍

ଅବ ଶ୍ରୋତା ରଂ, ଅବ ଧାତାରମ୍

ଅବ ନୁଚାନମବ ଶିଷ୍ୟଂ ଅବ ପଶ୍ଚାତାତ୍

ସର୍ବତୋ ମାଂ ପାହି ପାହି ସମନ୍ତାତ୍ ।

(ଶ୍ଳୋକ ପାଠ ବେଳେ ପ୍ରଛଦ ପଟରୁ ନୃତ୍ୟର ତାଳ ବାଜୁଥିବ । ଶ୍ଳୋକ ବନ୍ଦ ହେଲାପରେ ସ୍ଲୋଗାନ ଶୁଭିଛି: "ଗଣପତି ବାପ୍‌ପା ମୋରେୟା"

ତାପରେ ପୁଣି ନୃତ୍ୟର ତାଳ ଶୁଭିଛି । ସାଲ୍ୱା ନରସିଂହା ମନ୍ତ୍ରୀ ନାରସା ଓ ସେନାପତିଙ୍କ ସହ ପଦ୍ମାବତୀ ପୁନଶ୍ଚ ଗଣେଶ ତାଣ୍ଡବ ନୃତ୍ୟ ଆରମ୍ଭ କରିଛନ୍ତି । ଏହା ପରେ ରାଜପ୍ରସାଦର କର୍ମଚାରୀ ଓ ପ୍ରଜାମାନେ ମଞ୍ଚ ଉପରେ ପ୍ରବେଶ କରି ତାଣ୍ଡବ ପ୍ରଧାନ ନୃତ୍ୟ ପରିବେଷଣ କରିଛନ୍ତି । ଏଠାରେ "ଏକଦନ୍ତାୟ ବକ୍ରତୁଣ୍ଡାୟ" ଗୀତଟିକୁ ନିଆଯାଇପାରେ । ସ୍ୱର୍ଗତ ପ୍ରଫୁଲ୍ଲ କରଙ୍କ ସ୍ୱରାରୋପିତ ଗଣେଶ ବନ୍ଦନାରେ ଗୁରୁ ଶ୍ରୀ ଗଜେନ୍ଦ୍ର ପଣ୍ଡାଙ୍କ ନିର୍ଦ୍ଦେଶିତ ଗଣେଶ ତାଣ୍ଡବ ନୃତ୍ୟଟିକୁ ଦିଆଯାଇପାରେ । ନୃତ୍ୟବେଳେ କାଞ୍ଚିରାଜା ଓ ମନ୍ତ୍ରୀ ମଧ୍ୟ ଠିଆ ହେବେ ।)

ନରସିଂହା - ପଦ୍ମାବତୀର ସଂସ୍କୃତ ଉଚ୍ଚାରଣ ଖୁବ୍ ସ୍ପଷ୍ଟ ମନ୍ତ୍ରୀବର

ନାରସା - କେମିତି ସ୍ପଷ୍ଟ ହେବନି ଛାମୁ ? କାଞ୍ଚିର ଶ୍ରେଷ୍ଠ ସାମବେଦୀ ବ୍ରାହ୍ମଣ ଜେମାମଣିଙ୍କୁ ସଂସ୍କୃତ ପଢାଉଛନ୍ତି ।

ନରସିଂହା - ଆଉ ସେ ସଂଗୀତ ଗୁରୁଟା କଣ କରୁଛି ?

ନାରସା - ଜେମାମଣିଙ୍କ କଣ୍ଠରେ ସରସ୍ୱତୀ ବସିଛନ୍ତି, ଛାମୁ ପଦ୍ମାବତୀ

ମା'ଆମର ଯେମିତି ସଂସ୍କୃତ ନିପୁଣା, ସେପରି ସଂଗୀତ ଓ ନୃତ୍ୟ ନିପୁଣା। ଏବେ ସିଏ ଭାରତୀୟ ଯୁଦ୍ଧ ବିଦ୍ୟା ଓ ଅସ୍ତ୍ରଚାଳନା ଶିକ୍ଷା କରୁଛନ୍ତି।

ନରସିଂହ - ମୁଁ ତାର ଦାୟିତ୍ୱ ତମ ହାତରେ ଦେଇ ଦେଇଛି ନାରସା। ରାଜକାର୍ଯ୍ୟ ଓ ସୀମାନ୍ତ ଦୁର୍ଗ ଗୁଡିକର ସୁରକ୍ଷା କଥା ବୁଝୁବୁଝୁ ମୁଁ ପଦ୍ମାବତୀର ଶିକ୍ଷା କଥା ବୁଝିବା ପାଇଁ ସମୟ ପାଉନି। ତାର ବୟସ ହେଲାଣି, ତା'ପାଇଁ ଉପଯୁକ୍ତ ରାଜପୁତ୍ରଟିଏ ମିଳିବା ଦରକାର।

ନାରସା - ସବୁ ବନ୍ଦୋବସ୍ତ ହେଇଯିବ ଛାମୁ।

ନରସିଂହ - ପଦ୍ମାବତୀ ମୋର ଏକମାତ୍ର କନ୍ୟା। ତାକୁ ଯିଏ ବାହାହେବ ସେ ମଧ୍ୟ ସଂସ୍କୃତରେ ନିପୁଣ ହେବା ଆବଶ୍ୟକ। ଗୋଟେ ବିଦ୍ୱାନ ରାଜପୁତ୍ର ଖୋଜ। ସଂସ୍କୃତ ଜାଣିଥିବ, ବୀର ହୋଇଥିବ।

ନାରସା - କି କଥା କହୁଛନ୍ତି ଛାମୁଁ? ବିଜୟନଗରର ଅଧିପତି ସାଲ୍ୱା ବଂଶର ଜେମା ପାଇଁ ପାତ୍ର ମିଳିବେ ନାଇଁ? ଆମେ ଆରବର୍ଷ ପଦ୍ମାବତୀ ପାଇଁ ବିରାଟ ସ୍ୱୟଂବର ଆୟୋଜନ କରିବା। ଛାମୁଁ ଅନୁମତି ଦେଲେ ଆମେ ଭାରତଖଣ୍ଡର ବିଭିନ୍ନ ପ୍ରାନ୍ତରୁ ରାଜପୁତ୍ର ମାନଙ୍କୁ ନିମନ୍ତ୍ରଣ ପତ୍ର ପଠେଇବା।

(ପ୍ରଚ୍ଛଦପଟରୁ ସ୍ତ୍ରୀ କଣ୍ଠରେ ହୁଳହୁଳି ପଡିଲା । ଶଙ୍ଖ ବାଜିଲା, ଘଣ୍ଟି ବାଜିଲା, ଶୁଭିଲା ପଦ୍ମାବତୀଙ୍କ କଣ୍ଠରେ ଗଣେଶ ଅଥର୍ବଶୀର୍ଷର ଆବୃତ୍ତି।)

ତ୍ୱଂ ବାଙ୍ଗ୍ମୟ ସ୍ତ୍ୱଂ ଚିନ୍ମୟଃ
ତ୍ୱମାନଂଦମୟ ସ୍ତ୍ୱଂ ବ୍ରହ୍ମମୟଃ
ତ୍ୱଂ ସଚ୍ଚିଦାନନ୍ଦ ଦ୍ୱିତୀୟୋସି
ତ୍ୱଂ ପ୍ରତ୍ୟକ୍ଷଂ ବ୍ରହ୍ମସି
ତ୍ୱଂ ଜ୍ଞାନମୟୋ ବିଜ୍ଞାନମୟୋସି।

(ପ୍ରଚ୍ଛଦ ପଟରୁ ଏ ମନ୍ତ୍ର ଆବୃତ୍ତି ଶୁଣି ସାଲ୍ୱା ନରସିଂହା ପୁଣି ଆବେଗରେ ନତଜାନୁ ହୋଇ ଗଣପତିଙ୍କୁ ପ୍ରାର୍ଥନା କଲେ)

ନରସିଂହା - ହେ ଦେବାଧିଦେବ ! ସର୍ବାଶ୍ୱର୍ଯ୍ୟମୟ, ସକଳ ପାପ ପ୍ରପଞ୍ଚର ବିଧ୍ୱଂସକ ଗଣେଶ୍ୱର ଗଣପତି ! ପ୍ରସନ୍ନ ହୁଅ, ପ୍ରଭୁ ! କାଞ୍ଚିରାଜା ସାଲ୍ୱା ନରସିଂହାର କୁଳ ମର୍ଯ୍ୟାଦା ଫେରେଇ ଦିଅ, ଏଇ ଯୋଉ- ମୋ ଆଗରେ ବିଜୟ ନଗରର ପ୍ରଜାମାନେ ପୂଜା ଦେଖିବାକୁ ଆସିଛନ୍ତି -ସେମାନଙ୍କୁ ବୁଝେଇ ଦିଅ ପ୍ରଭୁ- ! ସାଲ୍ୱା ନରସିଂହା ବୁଦ୍ଧିହୀନ ନୁହେ, ନିସ୍ତେଜ ନୁହେ ।

ନାରସା - କ୍ଷମା କରିବେ ମହାରାଜ ! କିଏ କହିଲା ଆପଣ ବୁଦ୍ଧିହୀନ ? କିଏ କହିଲା ଆପଣ ନିସ୍ତେଜ ?

ନରସିଂହା - ଏଇ ପ୍ରଜାମାନେ ! ଅନ୍ଧାରରେ ମୋ ସାମ୍ନାରେ ବସିଥିବା ଏଇ ପ୍ରଜାମାନେ ନାରସା ! ଏମାନେ କହୁଛନ୍ତି ବିଜୟ ନଗରର ରାଜା ସାଲ୍ୱା ନରସିଂହା ଖାଲି ସଂସ୍କୃତରେ କାବ୍ୟ ଲେଖୁଛି । ଅସି ଯୁଦ୍ଧରେ ମୁଁ କୁଆଡେ ଅଯୋଗ୍ୟ ରାଜା । ସତରେ କଣ ମୁଁ ଅଯୋଗ୍ୟ ମହାମନ୍ତ୍ରୀ ? ଉତ୍ତର ସୀମାନ୍ତରେ ଯୋଉ ଓଡ୍‌ଡି ରାଜା କପିଲା ଅଛି -ସିଏ ଆମର କୋଣ୍ଡାଭିଡୁ ଆଉ ରାଜମୁନ୍ଦ୍ରୀ ଆମଠୁ ଛଡେଇ ନେଇଛି ।

ନାରସା - କପିଳେନ୍ଦ୍ର ଦେବର ମୃତ୍ୟୁ ହେଇଗଲାଣି ମହାରାଜ । କ୍ରିଷ୍ଣା ନଦୀ କୂଳରେ ଅତି ଦୟନୀୟ ଭାବରେ ସେ ମୃତ୍ୟୁବରଣ କଲା । ତାର ଅଠରଟା ପୁଅ ମଧ୍ୟରୁ ଜଣେ ହେଲେ ପାଖରେ ନଥିଲେ । ଜ୍ୟେଷ୍ଠପୁତ୍ର ହମ୍ବୀରା -ଯୋଉଟା ଆମର କୋଣ୍ଡାଭିଡୁ ଆଉ ରାଜମୁଂଦ୍ରୀ ଦୁର୍ଗ ଛଡେଇ ନେଇଥିଲା ସେଇଟା ମଧ୍ୟ ଆମ ଦକ୍ଷିଣ ସୀମାରେ ନାହିଁ ।

ସାଲ୍ୱା - ଆମେ ତା'ଉପରେ ପ୍ରତି ଆକ୍ରମଣ କରିବା ନାରସା । ଆମ ଦୁର୍ଗ ଆମେ ଫେରାଇ ଆଣିବା ।

ନାରସା	-	ହମ୍ମୀରା ଉପରେ ଆମେ ପ୍ରତିଶୋଧ ଅବଶ୍ୟ ନେବା ମହାରାଜା । ସେଇଟା ବାହାମନୀର ପଠାଣ ମାନଙ୍କ ସାହାଯ୍ୟ ନେଇ ଆମକୁ ପରାସ୍ତ କରିଥିଲା । ଏବେ ସିଏ କଳିଙ୍ଗାର ଗଜପତି ପୁରୁଷୋତ୍ତମ ଦେବ ଉପରେ ଆକ୍ରମଣ କରି ତାକୁ ପରାସ୍ତ କରିଛି ।
ସାଲ୍ୱା	-	ପରାସ୍ତ କରିଛି ? କଣ ଏଥର ବି ବାହାମନୀ ପଠାଣମାନଙ୍କ ସାହାଯ୍ୟରେ ?
ନାରସା	-	ଆଜ୍ଞା ମହାରାଜ ! କପିଳେନ୍ଦ୍ର ମୃତ୍ୟୁ ପୂର୍ବରୁ ତାଙ୍କର ସର୍ବ କନିଷ୍ଠ ପୁତ୍ର ପୁରୁଷୋତ୍ତମକୁ କଳିଙ୍ଗାର ଅଧିପତି କରିଥିଲେ । ଜ୍ୟେଷ୍ଠପୁତ୍ର ହମ୍ମୀରା ଏଇଟା ଅନ୍ୟାୟ ହେଲା ବୋଲି ପ୍ରତିବାଦ କଲା,କପିଳେନ୍ଦ୍ର ଏଇ ପ୍ରତିବାଦର ସମାଧାନ କରିବେ କଣ ? ନିଜେ ହୃଦଘାତରେ ମୃତ୍ୟୁବରଣ କଲେ । ତାପରେ ହମ୍ମୀରା ପଠାଣ ସୈନ୍ୟ ମାନଙ୍କୁ ନେଇ ପୁନର୍ବାର କଳିଙ୍ଗ ଆକ୍ରମଣ କଲା ଏବଂ କନିଷ୍ଠ ଭ୍ରାତା ପୁରୁଷୋତ୍ତମକୁ ବନ୍ଦୀ କରି ନିଜେ କଳିଙ୍ଗାର ରାଜା ହେଇଗଲା ।
ନରସିଂହା	-	ତା'ମାନେ କଳିଙ୍ଗାରେ ଗୃହଯୁଦ୍ଧ ଲାଗିଛି ? ଗୃହଯୁଦ୍ଧ ?
ନାରସା	-	ଆଜ୍ଞା ମହାରାଜା
ନରସିଂହା	-	ହା ହା ହା ହା ହା -
ନାରସା	-	ଏଣେ ବାହାମନୀରେ ଦୁର୍ଭିକ୍ଷ ପଡିଲାଣି । ଦି ବର୍ଷ ହେଲା ସେଇଠି ବୃଷ୍ଟି ହେଇନି । ମୈଶୁରର ଏଣ୍ଡିପୋକ ଚଷୀମାନେ ପୋକମାଛି ପରି ମରୁଛନ୍ତି ।
ନରସିଂହା	-	ହା ହା ହା ହା ହା । ଦେଓ୍ୱା ! ଗଣପତି ଦେଓ୍ୱା ଆମକୁ ଏବେ ତାହେଲେ ସୁବର୍ଣ୍ଣ ସୁଯୋଗ ଦେଇଛନ୍ତି । ଏ ସୁଯୋଗ ଛାଡିବାକୁ ହେବ ନାଇଁ ମହାମନ୍ତ୍ରୀ । ଆମେ ଏ ମଉକାରେ କଳିଙ୍ଗା ଆକ୍ରମଣ କରି ଓଡ୍‌ଡି ହମ୍ମୀରା ପାଖରୁ କୋଣ୍ଡାଭିଡୁ ଛଡାଇ ଆଣିବା । ତାପରେ ରାଜମୁଂଦ୍ରୀ ।

ନାରସା - ଆପଣଙ୍କ ଆଜ୍ଞା ଶିରୋଧାର୍ଯ୍ୟ ମଣିମା। ଆସନ୍ତୁ ଆମେ ଅଗ୍ରପୂଜ୍ୟ ଗଣପତିଙ୍କ ପାଖରେ ବିଜୟ କାମନା କରି ଗୋଟେ ହୋମ କରିବା। ଆଜି ଗଣେଶ ଚତୁର୍ଥୀରେ ହୋମ କଲେ ପୂର୍ଣ୍ଣମୀ ଦିନ ଆମସୈନ୍ୟ କୋଣ୍ଡାବିଡ୍ଡୁ ଆକ୍ରମଣ କରିବେ।

ନରସିଂହା - ସେନାପତିଙ୍କୁ ଖବର ଦିଅ ମହାମନ୍ତ୍ରୀ। ଆମ ସୈନ୍ୟମାନଙ୍କୁ ଯୁଦ୍ଧାଭ୍ୟାସ କରାଇବେ।

ନାରସା - କଣ୍ଟକେ ନୈବ କଣ୍ଟକମ୍।।

(ଆବହ ସଂଗୀତରେ ଯୁଦ୍ଧ ବାଜା, ଢୋଲ। ନରସିଂହା ଓ ମନ୍ତ୍ରୀ ନାରସା ନାୟକା ଗଣପତିଙ୍କ ପାଖରେ ପ୍ରଣିପାତ କଲେ କାଞ୍ଚିର ସୈନ୍ୟମାନେ। ଏକ ଦନ୍ତାୟ ବକ୍ରତୁଣ୍ଡାୟ ଗୀତଟି ଗାଇ ଗାଇ ମଞ୍ଚ ଉପରେ ଅଘୋର ତାଣ୍ଡବ କରି ମଞ୍ଚର ଡାହାଣ ୱିଙ୍ଗସ୍‌ରୁ ବାହାରି ବାମ ପଟ ୱିଙ୍ଗସ୍‌କୁ ଚାଲିଯିବେ। ମଞ୍ଚ ଅନ୍ଧାର। ପୁଣି ଥରେ ଶଙ୍ଖ ବାଜିବ। ବାଜିବ ଯୁଦ୍ଧ ବାଜା। ମଞ୍ଚ ଡିମରରେ ଆଲୋକିତ ହେବ। ପଦ୍ମାବତୀ ଜଣେ ସୈନ୍ୟଙ୍କ ସାଙ୍ଗରେ ଖଣ୍ଡାଯୁଦ୍ଧ କରି କରି ଦକ୍ଷିଣକୁ ଆସି ମଧ ମଞ୍ଚରେ ଫାଇଟିଙ୍ଗ୍ କରିବେ। ନାରସା ଯୁଦ୍ଧ ପ୍ରସ୍ତୁତି ସମୀକ୍ଷା କରିବା ପାଇଁ ପ୍ରବେଶ କରି ପଦ୍ମାବତୀର ପରାକ୍ରମକୁ ଦେଖିଲେ।)

ନାରସା - ଚମତ୍କାର ! ଚମତ୍କାର ଜେମା ! ଅସୀ ଯୁଦ୍ଧରେ ତମର ଅଧିକା ପ୍ରଶିକ୍ଷଣ ଅନାବଶ୍ୟକ।

(ପଦ୍ମା ପିତାଶ୍ରୀ ଓ ନାରସାଙ୍କୁ ପ୍ରଣାମ କରି ଚାଲିଗଲେ। ସୈନିକ ଚାଲିଗଲା)

ନରସିଂହା - ମୁଁ ୟାର ଏତେ ଗୁଣ ଅଛି ବୋଲି ଜାଣି ନଥିଲି। ପଦ୍ମା ଆମର ଯୁଦ୍ଧ କେବେଠୁ ଶିଖିଲା ?

ନାରସା - ଛାମୁଁ, ଛ ମାସ ହେଲା। ଜେମା ଆସି ମତେ କହିଲେ ଯୁଦ୍ଧ ବିଦ୍ୟା ଶିଖିବେ। ମୁଁ ସେଇଠୁ ଖୋର୍ଦ୍ଧାର ପାଇକ ମାନଙ୍କୁ ଡକାଇ ପ୍ରଶିକ୍ଷଣର ବ୍ୟବସ୍ଥା କରିଥିଲି।

ନରସିଂହା - (ହସି) ଆଚ୍ଛା:ଏମିତିଆ କଥା ? ମୁଁ ତାର ଅସ୍ତ୍ରଚାଳନା ଦେଖି ଅବାକ୍ ହେଇଗଲି ମନ୍ତ୍ରୀ। ଏଥର ଗଦା ଯୁଦ୍ଧ ଶିଖେଇବା ପାଇଁ ବ୍ୟବସ୍ଥା କର।

(ପଦ୍ମା ହାତରେ ପୂଜାଥାଳୀ ଧରି ପ୍ରବେଶ କଲେ)

ପଦ୍ମା - ମୁଁ ପ୍ରଥମେ "କଲାରି ପାୟାଟ୍ଟୁ' ଶିଖିବି ପିତାଶ୍ରୀ, କେରଳରୁ ଜଣେ ଯୁଦ୍ଧ ଗୁରୁ ଆସିବେ।

ନରସିଂହା - ଠିକ୍ ଅଛି। ତୋର ଗଣେଶ ପୂଜା ଆହୁରି ସରିନାହିଁ ? ଆମ ପ୍ରସାଦରେ ଯେତେ ଛୋଟ ଛୋଟ ଗଣେଶ ମୂର୍ତ୍ତି ଅଛି ସମସ୍ତଙ୍କୁ ପୂଜା ଦେଲୁ କି ନାଇଁ ?

ପଦ୍ମା - ନଦୀ ଏପଟର ସବୁ ଗଣେଶ ମନ୍ଦିରରେ ଇଷ୍ଟ ଦେବଙ୍କ ପୂଜା ଦିଆଯାଇଛି ପିତାଶ୍ରୀ। ଏବେ ଯିବି ତୁଙ୍ଗଭଦ୍ରା ଉପକଣ୍ଠରେ ଯେଉଁ ଇଷ୍ଟ ଦେବ ଅଛନ୍ତି -ସେଇଠି ଭୋଗ ଚଢେଇବି।

ନରସିଂହା - ସିଏ ତ ଅନେକ ବାଟ ମା' ! ବାଟରେ ଜଙ୍ଗଲ ପଡିବ।

ନାରସା - ମୁଁ ସେନାପତିଙ୍କୁ କହୁଚି -ଚାରିଜଣ ଦେହରକ୍ଷୀଙ୍କୁ ପଠେଇବେ।

ପଦ୍ମା - ସେମାନେ କଣ କରିବେ ? ମୁଁ ଘୋଡାରେ ଯାଇ ଭୋଗ ଚଢେଇ ଏକେଲା ପଳେଇ ଆସିପାରିବିନି ?

ନରସିଂହା - କା'କେମିତି ହବ ? ଆଜିକାଲି ଦିନ କାଳ ଅଲଗା, ବାହାମନୀ ରାଜ୍ୟରେ ଅକାଳ ପଡିଚି। ଆମ ରାଜ୍ୟ ସାରା ଭୋକ ବିକଳରେ ପଠାଣମାନେ ବୁଲୁଛନ୍ତି, ଚୋରୀ ଡକାୟତି କରୁଛନ୍ତି।

ପଦ୍ମା - ଆପଣ ତ ଦେଖିଲେ ପିତାଶ୍ରୀ ମୁଁ ଖଣ୍ଡା ଯୁଦ୍ଧ, ମୁଷ୍ଟି ଯୁଦ୍ଧ ସବୁ ଶିଖିଚି, ଆପଣଙ୍କ କନ୍ୟା ହେଇ ମୁଁ କଣ ନିଜକୁ ରକ୍ଷା

କରି ପାରିବିନି ? ମୁଁ ସାଲ୍ୱା ବଂଶର କ୍ଷତ୍ରିୟ କନ୍ୟା ପିତାଶ୍ରୀ। ଏଥର ଯଦି ବାହାମନୀ ପଠାଣ ଆମ ବିଜୟ ନଗର ଆକ୍ରମଣ କରନ୍ତି, ମୁଁ ଯୁଦ୍ଧକୁ ଯାଇ ଲଢିବି।

ନାରସା - (ହସି) ଜେମାମଣିଙ୍କ ସାହସ ଦେଖି ଆମେ ଗର୍ବିତ ମହାରାଜ। ଧରିନିଅନ୍ତୁ- ସିଏ ଏକାଧାରରେ ଆପଣଙ୍କର ପୁଅ ଆଉ ଝିଅ।

ପଦ୍ମା - ଅବଶ୍ୟ ପିତାଶ୍ରୀ। ଆପଣମାନଙ୍କ ଆଶିର୍ବାଦ ଥିଲେ ମୁଁ ନିଶ୍ଚେ ପୁଅମାନଙ୍କ ସାଙ୍ଗରେ ଯୁଦ୍ଧ କରିପାରିବି। ଦେଖିବେ - ଅପରାହ୍ଣ ସୁଦ୍ଧା ମୁଁ ପୂଜା ସାରି ଫେରି ଆସିବି।

ନରସିଂହା - ହା ହା ହା ହା ହା ହା

(ପଦ୍ମାବତୀ ପ୍ରସ୍ଥାନ କଲା, ମଞ୍ଚ ଅନ୍ଧାର ହେଲା)

ଦ୍ୱିତୀୟ ଦୃଶ୍ୟ

(କଳିଙ୍ଗର ତୃତୀୟ ଗଜପତି ହମ୍ବୀର ଦେବ (୧୪୭୨-୧୪୭୬) ଙ୍କ ରାଜ ଦରବାର। ପ୍ରହରୀମାନେ ଦଣ୍ଡାୟମାନ। ଜଣେ ଭାଟ ଖୁବ୍ ବଡପାଟିରେ ଘୋଷଣା କଲା)

ଭାଟ - ବୀର ଶ୍ରୀ ଗଜପତି ଗୌଡେଶ୍ୱର, ନବକୋଟି କର୍ଣ୍ଣାଟ ଉତ୍କଳ କଳ ବର୍ଗେଶ୍ୱର ଅଭିରାଏ, ଭୂତ, ଭୈରବ, ଦୁଃସହ ଦୁଃଶାସନ, ଅନିକରଣେ ରାଉତରାୟ, ଅତୁଳବଳ ପରାକ୍ରମ, ସଂଗ୍ରାମେ ସହସ୍ର ବାହୁ ଧୂମକେତୁ ଶ୍ରୀ ଶ୍ରୀ ହମ୍ବୀର ଦେବ ମହାପାତ୍ରଙ୍କର ଜୟ ହେଉ! (ଢେଙ୍ଗୁରା ଘଣ୍ଟ ଓ କାହାଳୀ ବାଜିଲା। ବାଜିଲା ଯୁଦ୍ଧ ବାଜା, ମନ୍ତ୍ରୀ ଓ ପାରିଷଦ ବର୍ଗଙ୍କ ସହ ପ୍ରବେଶ କଲେ ହମ୍ବୀର ଦେବ)

ହମ୍ବୀର - ଆମ୍ଭେ ହମ୍ବୀର ଦେବରାୟ ମହାପାତ୍ର। ଗଜପତି ବଂଶର

ପ୍ରତିଷ୍ଠାତା ଗଜପତି କପିଳେନ୍ଦ୍ର ଦେବ ରାଜଉତରାୟଙ୍କ ଜ୍ୟେଷ୍ଠ ପୁତ୍ର। ଆପଣମାନେ ଅବହିତ ଅଛନ୍ତି ପିତାଶ୍ରୀ ଅତ୍ୟନ୍ତ ଅସହାୟ ଅବସ୍ଥାରେ କ୍ରୀଷ୍ଣା ନଦୀ କୂଳରେ ପ୍ରାଣତ୍ୟାଗ କଲେ। କିନ୍ତୁ କ୍ଷୋଭର ବିଷୟ ହେଲା, ପିତା ମହାରାଜ ରାଜଧର୍ମକୁ ଭ୍ରୁକ୍ଷେପ ନକରି, ଆମ୍ଭେ ଗାଏ ମୋଟ ଅଠର ଜଣ ପୁତ୍ରଙ୍କୁ ଅଧିକ୍ରମଣ କରି, ତାଙ୍କର ସର୍ବ କନିଷ୍ଠ ପୁତ୍ର ପୁରୁଷୋତ୍ତମକୁ କଳିଙ୍ଗ ରାଜ ସିଂହାସନରେ ଅଧିଷ୍ଠିତ କରାଇଦେଲେ।

ଆମ୍ଭେ ତାଙ୍କର ଜ୍ୟେଷ୍ଠ ପୁତ୍ର ହମ୍ବୀର ଦାକ୍ଷିଣାତ୍ୟରେ ପିତାଙ୍କ ଶବ ସଂସ୍କାର କରି କଳିଙ୍ଗ ଉପରେ ଆକ୍ରମଣ କଲୁ, ଜବରଦସ୍ତ ଛଡାଇ ଆଣିଲୁ ରାଜସିଂହାସନ। କଳିଙ୍ଗର ପ୍ରଜାମାନେ ଶୁଣ ! ସମସ୍ତ ଗ୍ରାମବାସୀ, ପ୍ରଜାପାଟକମାନଙ୍କ ଗୋଚରାର୍ଥେ ଓଡିଶାର ଦ୍ୱିତୀୟ ଗଜପତି ହମ୍ବୀର ଦେବରାୟ ମହାପାତ୍ରର ଘୋଷଣା ଶୁଣ...

ମହାମନ୍ତ୍ରୀ - କ୍ଷମା କରିବେ ମଣିମା !

(ହମ୍ବୀର ଦେବ ଅଟକିଗଲେ)

ଛାମୁଁ ଆପଣ କଳିଙ୍ଗର ଦ୍ୱିତୀୟ ଗଜପତି ନୁହନ୍ତି । ମହାରାଜ ପୁରୁଷୋତ୍ତମ ଦ୍ୱିତୀୟ। ଆପଣ ଆଜିଠାରୁ ଆମର ତୃତୀୟ ଗଜପତି ରୂପେ ସିଂହାସନ ଅଧିକାର କଲେ।

ହମ୍ବୀର - ପୁରୁଷୋତ୍ତମକୁ ମୋର ସୈନ୍ୟମାନେ ବନ୍ଦୀ କରିଛନ୍ତି। ଏ ପର୍ଯ୍ୟନ୍ତ ଆମ୍ଭେ ତାକୁ ସ୍ୱଚକ୍ଷୁରେ ଦେଖିନାହୁଁ। ସେନାପତି ପାଲଟା ସିଂ। କଳିଙ୍ଗରେ ରାଜ୍ୟଭାର ନେବା ପୂର୍ବରୁ ପ୍ରଥମେ ମୁଁ ଏଠାକାର ପୂର୍ବତନ ରାଜା ପୁରୁଷୋତ୍ତମକୁ ଦେଖିବାକୁ ଚାହେଁ।

ପାଲଟା ସିଂ - ସେ ବନ୍ଦୀଶାଳାରେ ଅଛିତ ଛାମୁଁ।

ହମ୍ୱୀର - ତାକୁ ଏଇଠି ହାଜର କରାଅ। ଆମ୍ଭେ ତାକୁ ସ୍ୱ ଚକ୍ଷୁରେ ଦେଖିବାକୁ ଚାହୁଁ।

ପାଲଟା ସିଂ - ଯଥା ଆଜ୍ଞା। (ଚାଲିଗଲେ)

ହମ୍ୱୀର - ଶୁଣନ୍ତୁ ସମସ୍ତ ଗ୍ରାମବାସୀ ପ୍ରଜା ପାଟକମାନେ! ଗୌଡ ଦେଶର ସୁଲ୍‌ତାନ ହୁସେନ୍ ସାହ ଯାଜନଗର ଆକ୍ରମଣ କରିବା ପାଇଁ ପ୍ରସ୍ତୁତ ହେଉଛି। ଦକ୍ଷିଣରେ ବିଜୟ ନଗରର ରାଜା ସାଲ୍ୱା ନାରସିଂହା କୋଣ୍ଡାଭିଡୁ ଦୁର୍ଗ ଆଉ ରାଜମୁଂଦ୍ରୀ ଦୁର୍ଗ ଆକ୍ରମଣ କରି ସାରିଲାଣି। ସେମାନେ ସବୁ ପ୍ରତିଶୋଧ ପରାୟଣ। ଏଭଳି ପରିସ୍ଥିତିରେ ରାଜ୍ୟବାସୀଙ୍କୁ ମୁଁ ଆହ୍ୱାନ କରୁଛି ଯେ ସୁନା, ରୂପା, ମୁଦ୍ରା ଓ ଧନଧାନ୍ୟ ଦେଇ ରାଜକୋଷକୁ ବୃଦ୍ଧି କରାନ୍ତୁ। ବର୍ଦ୍ଧିତ ହାରରେ ଯେଉଁମାନେ ଖଜଣା ଓ କର ଦେଇନାହାନ୍ତି ତୁରନ୍ତ ସେମାନେ ନିଜ ନିଜର ସିପାହୀ ମାନଙ୍କ ନିକଟରେ ଦାଖଲ କରାନ୍ତୁ। ଆଉ ମନେରଖ :ଏହାର ଅନ୍ୟଥା ହେଲେ ହମ୍ୱୀରଦେବ ମହାପାତ୍ର ଭୟଙ୍କର ଶାସ୍ତି ଦେବ।

(ଆବହ ସଂଗୀତ। ହମ୍ୱୀର ଦେବ ଉତ୍ତେଜିତ ହୋଇ ମଞ୍ଚରେ ପଦଚାଳନା କଲେ।

ସେନାପତି ପାଲଟା ସିଂ ପୁରୁଷୋତ୍ତମଙ୍କୁ ଆଣି ଦରବାରରେ ହାଜର କରାଇଲେ। ଆବହ ସଂଗୀତରେ କରୁଣ ସ୍ୱରରେ ବ୍ୟାଣ୍ଡ ବାଜିଲା। କୋରାଲ୍ ହମିଂ, ପୁରୁଷୋତ୍ତମ ଦେବଙ୍କ ଦେହସାରା ଶିକୁଳିରେ ବନ୍ଧା। କାନ୍ଧରେ ଗୋଟେ ଜୁଆଳି। ତାକୁ ଦଉଡିରେ ଟାଣି ଟାଣି ଆଣିଲେ ଦୁଇ ଜଣ ସୈନ୍ୟ। ପୁରୁଷୋତ୍ତମ ଅଠର ବର୍ଷର ଯୁବକ।

ପାଲଟା ସିଂ - ଏଇ ହେଉଛନ୍ତି କଳିଙ୍ଗର ପ୍ରାକ୍ତନ ଅଧିପତି ଶ୍ରୀ ପୁରୁଷୋତ୍ତମ।

ହମ୍ୱୀର - (କ୍ରୁଦ୍ଧ) ଶ୍ରୀ ପୁରୁଷୋତ୍ତମ ନୁହେଁ -ପୁରିଆ ରାଉତରାୟ। କିନ୍ତୁ ତମର ଭ୍ରମ ହୋଇନାହିଁ ତ ସେନାପତି ? ଗୋଟେ

ଅଠର ବର୍ଷର ଅପଗଣ୍ଡ ନାବାଳକ ଉତ୍କଳ କଳିଙ୍ଗର ରାଜସିଂହାସନରେ ବସିଥିଲା ? ତମେ ଠିକ୍ ଜାଣିଚ ତ ? ଯାର ନାମ କଣ ସତରେ ପୁରୁଷୋତ୍ତମ ? ତୁ କଣ ସତରେ କପିଳେନ୍ଦ୍ର ଦେବଙ୍କ ପୁତ୍ର ? କିରେ ? ପ୍ରମାଣ ଦେଇପାରିବୁ ?

(ହଠାତ୍ ଝଡ ବେଗରେ ପ୍ରବେଶ କଲେ ପାର୍ବତୀ, କପିଳେନ୍ଦ୍ର ଦେବଙ୍କ ରକ୍ଷିତା ବ୍ରାହ୍ମଣୀ ଏବଂ ପୁରୁଷୋତ୍ତମଙ୍କ ମାତା)

ପାର୍ବତୀ - (ଗର୍ଜି ଉଠିଲେ) ହମ୍ମୀର ! ତୁ ସୀମା ଲଙ୍ଘନ କରୁଛୁ ?

ହମ୍ମୀର - କିଏ ତୁମ୍ଭେ ନାରୀ ?

ପାର୍ବତୀ - 'ତୁମ୍ଭେ' ନୁହେ- 'ଆପଣ' ବୋଲି ସମ୍ବୋଧନ କର ପାଷଣ୍ଡ ! ମୁଁ ପୁରୁଷୋତ୍ତମର ମାତା ପାର୍ବତୀ ରାଉତରାୟ । ଏ ରାଜ ପ୍ରାସାଦର ରାଜାମାତା ମୁଁ । କେବଳ ନାରୀ ନୁହେଁ -ମୁଁ ତୋର ନମସ୍ୟା ।

ହମ୍ମୀର - ତମେ ମୋ ପିତାଙ୍କର ବିବାହିତା ପତ୍ନୀ ନଥିଲ ମାତାଶ୍ରୀ । ରକ୍ଷିତା ଥିଲ । ତଥାପି ... ତଥାପି ମୁଁ ତୁମକୁ ମାତାଶ୍ରୀ ବୋଲି ସମ୍ବୋଧନ କରୁଛି ।

ପାର୍ବତୀ - ହମ୍ମୀରା ! ତୁ ମୋର ସାନ ଯାଆ ରୂପାମ୍ବିକାର ପୁତ୍ର । ଦାକ୍ଷିଣାତ୍ୟର ଭାଷା ଜାଣିଛୁ, ଦାକ୍ଷିଣାତ୍ୟରେ ଥିଲୁ । ଉତ୍କଳ କଳିଙ୍ଗ ଆକ୍ରମଣ କରି ମୋ ପୁଅଟାକୁ ଏମିତି ଦେହସାରା ଶିକୁଳିରେ କାହିଁକି ବାନ୍ଧିଛୁ ? ସିଏ ତୋ ପାଖରେ କି ଅପରାଧ କଲା ?

ହମ୍ମୀର - ବାନ୍ଧିଛି, କାରଣ ସିଏ ପରାଜିତ । ବାନ୍ଧିଛି କାରଣ ସିଏ ବନ୍ଦୀ, ବନ୍ଦୀକୁ ବନ୍ଦୀ ଭଳି ରଖାଯିବ ଉଚିତ୍ ମାତାଶ୍ରୀ -ଏ କଥା କପିଳେନ୍ଦ୍ର ଗଜପତିଙ୍କ ପତ୍ନୀ କଣ ଜାଣିନାହାନ୍ତି ?

ପାର୍ବତୀ - ଜାଣିଚି ପୁତ୍ର । ଇତିହାସରେ ପଢିଚି ମଧ୍ୟ । ଦିନେ

ଆଲେକଜାଣ୍ଡାର ମହାରାଜା ପୁରୁଙ୍କୁ ମଧ୍ୟ ବନ୍ଦୀ କରିଥିଲେ। କିନ୍ତୁ ସେ ପୁରୁକୁ ପଚାରିଥିଲେ ଆପଣ କି ପ୍ରକାର ବ୍ୟବହାର ଚାହାଁନ୍ତି ? ପୁର କହିଥିଲେ "ସମ୍ରାଟୋଚିତ ବ୍ୟବହାର"। କିନ୍ତୁ ତୁ? ତୁ ମୋର ଏକୋଇରବଳା ପୁରୁକୁ ଶିକୁଳିରେ ବାନ୍ଧି ପିଶାଚ ଭଳି ବ୍ୟବହାର କରୁଛୁ। ରାଜଧର୍ମର ଅବମାନନା କରୁଛୁ ?

ହମ୍ମୀର - ବ୍ୟବହାରରେ ଭଦ୍ର ହେବା ପାଇଁ ମୁଁ ବାଧ୍ୟ ନୁହେଁ ମାତାଶ୍ରୀ। ମୁଁ ଯୋଦ୍ଧା, ମୁଁ ବୀର। ଅହମ୍ମଦନଗର, ବିଜାପୁର, ବାହାମନୀ- ପାଞ୍ଚ ପାଞ୍ଚଟା ପଠାଣ ରାଜ୍ୟକୁ ମୁଁ ପାଦତଳେ ରଖିଚି ମାତାଶ୍ରୀ। ମୁଁ ଯୁଦ୍ଧରେ ବିଶ୍ୱାସ କରେ। ବିଶ୍ୱାସ କରେ ବାହୁବଳ ଉପରେ।

ପାର୍ବତୀ - ହଁ ମୁଁ ଜାଣିଛି। ତୁ ବିଶ୍ୱାସ କରୁ ହିଂସା ଆଉ ରକ୍ତପାତରେ, ପୃଥିବୀକୁ ରକ୍ତ ନଦୀରେ ଭସେଇ ଦେବାରେ। ଏ ପୃଥିବୀକୁ ଲକ୍ଷଲକ୍ଷ ପଚାସଡା ଶବ ମାନଙ୍କ ଦୁର୍ଗନ୍ଧରେ ରୁଦ୍ଧଶ୍ୱାସ କରିଦେବାକୁ ଚାହୁଁଚୁରେ ରାକ୍ଷସ। ଉତ୍କଳ କଳିଙ୍ଗର ରାଜା ପୁରୁଷୋତ୍ତମ ନିଷ୍ଠୁରତା, ରକ୍ତ ଲିପ୍‌ସା, ହିଂସ୍ର କାମନା, ଯୁଦ୍ଧ ଓ ବିଭୀଷିକାକୁ ଘୃଣା କରେ।

ହମ୍ମୀରା - ଯୁଦ୍ଧ ନକଲେ - ରକ୍ତପାତ ନ କଲେ ଏ ପୃଥିବୀ ଯବନ ଶକ୍ତି ଦ୍ୱାରା ଲୁଣ୍ଠିତ ହୋଇଯିବ ରାଜମାତା। ହିନ୍ଦୁରାଜ୍ୟ ଗୁଡିକ ଧ୍ୱଂସ ହେଇଯିବେ। ସେଇଥିପାଇଁ ଶାନ୍ତିର କପୋତ ଉଡାଇବାର ଛଳନା ମୁଁ କରେନାହିଁ ମାତାଶ୍ରୀ ! ବୁଦ୍ଧଂ ଶରଣଂ ଗଚ୍ଛାମି ନୁହେ - ଯୁଦ୍ଧଂ ଶରଣଂ ଗଚ୍ଛାମି ରେ ମୁଁ ବିଶ୍ୱାସ କରେ।

ପୁର - ଆପଣ ଛଳ ଆଉ କପଟର କଥା କହୁଛନ୍ତି ଭାତାଶ୍ରୀ। ଦୁଇ ଦୁଇ ଥର ଆପଣ ଉତ୍କଳ କଳିଙ୍ଗ ଉପରେ ଆକ୍ରମଣ କରିଛନ୍ତି। ଆଉ ମୁଁ କିଏ ଆଉ ମୋର ପରାକ୍ରମ କଥା ଭଲ

ଭାବରେ ଜାଣିଛନ୍ତି । ହେଲେ ଆପଣ ଏଥରକ କଲେ କଣ ? ଧର୍ମର ପନ୍ଥା ଉଲ୍ଲଙ୍ଘନ କରି ଗୁଡିଏ ବିଧର୍ମୀ ପଠାଣ ସୈନ୍ୟଙ୍କୁ ନେଇ ଆସିଲେ। ସେମାନେ ମତେ ପଛପଟୁ ଆକ୍ରମଣ କଲେ। ସାମ୍ନାପଟୁ ଯୁଦ୍ଧ କରିପାରିଲେ ନାହିଁ। ବିଶ୍ୱାସ ଘାତକତା କଲେ।

ହମ୍ବୀର - ଯୁଦ୍ଧ ଆଉ ପ୍ରେମ। ଉଭୟ କ୍ଷେତ୍ରରେ ନିୟମ ଉଲ୍ଲଙ୍ଘନ କରାଯିବା ଶାସ୍ତ୍ର ସମ୍ମତ। ଶତ୍ରୁ ସାଙ୍ଗରେ ଯୁଦ୍ଧ କଲାବେଳେ ସାମ୍ନାପଟୁ ମୁଁ କଣ ତତେ ଆଲିଙ୍ଗନ କରିଥାନ୍ତି ?

ପାର୍ବତୀ - ହମ୍ବୀର। ପୁରୁଷୋତ୍ତମ ତୋର ଶତ୍ରୁ ନୁହେଁ, ତା'ଉପରେ ଥିବା ଷୋହଳ ଜଣ ଭାଇ ମଧ୍ୟ ତୋର ଶତ୍ରୁ ନୁହନ୍ତି। ଭ୍ରାତା ଉତ୍କଳ କଳିଙ୍ଗ ସାଙ୍ଗରେ ଯୁଦ୍ଧ କଲାବେଳେ ତୁ ଧର୍ମକୁ ଜଳାଞ୍ଜଳି ଦେଇଦେଲୁ। ଏଇଟା ତୋର ଅନ୍ୟାୟ।

ହମ୍ବୀର - ଅନ୍ୟାୟ (ଖୁବ୍ ଜୋରରେ ଖଳନାୟକ ପରି ହସିଲେ)ମୋ ବିଜୟର ନେପଥ୍ୟରେ ଧୂର୍ତ୍ତ ପଠାଣମାନେ ଥିଲେ ମାତାଶ୍ରୀ। କଳରେ ହେଉ କି ବଳରେ ହେଉ କୌଶଳରେ, ମୁଁ କଳିଙ୍ଗ ଉତ୍କଳର ସିଂହାସନ ଉପରେ ଆଧିପତ୍ୟ ବିସ୍ତାର କରିଛି। ପୁରୀ ହେଉ କି ଖୋର୍ଦ୍ଧା ହେଉ କି ବାରବାଟୀ ଦୁର୍ଗ,ସବୁଠି ମୋର ଆଧିପତ୍ୟ। ମୁଁ ବର୍ତ୍ତମାନ ପୁରୁଷୋତ୍ତମକୁ ମୃତ୍ୟୁଦଣ୍ଡ ଦେବି।

ପାର୍ବତୀ - ହମ୍ବୀର ! ତା'ହେଲେ ପୁଣିଥରେ ଯୁଦ୍ଧ ହେବ।

ହମ୍ବୀର - ଅବଶ୍ୟ ହେବ। ବାରମ୍ବାର ହେବ। ରାଜରକ୍ତରେ ପ୍ରାସାଦ ରଂଜିତ ହେବ। ଗୋଟି ଗୋଟି କରି ସମଗ୍ର ସୂର୍ଯ୍ୟବଂଶକୁ ମୁଁ ରକ୍ତର ସାଗରରେ ନିକ୍ଷେପ କରିବି। ସେନାପତି ! ସେନାପତି ପାଲଟା ସିଂ । ଆମ୍ଭେ ହମ୍ବୀର ଦେବ ମହାପାତ୍ର ଆଦେଶ କରୁଛୁ : ପୁରୁଷୋତ୍ତମର ହାତ ଆଉ ଗୋଡରେ

ବଡ ବଡ ପଥର ବାନ୍ଧି ତାକୁ ସମୁଦ୍ର ଗର୍ଭରେ ନିକ୍ଷେପ କର।

ପାଲଟା ସିଂ - ଅସମ୍ଭବ ଛାମୁଁ! ମୋ ପରମ ଆରାଧ୍ୟ ଗଜପତି ସମ୍ରାଟ ପୁରୁଷୋତ୍ତମ ଦେବଙ୍କ ହାତରେ ଗୋଡରେ ପଥର ବାନ୍ଧି ସମୁଦ୍ରରେ ନିକ୍ଷେପ କରି ପାରିବି ନାହିଁ।

ହମ୍ବୀର - ତମେ ମୋର ଆଦେଶ ଅମାନ୍ୟ କରୁଛୁ ପାଲଟା ସିଂ।

ପାଲଟା ସିଂ - ଏ ଶରୀରରେ ଯାହା ବି ଶକ୍ତିଅଛି ସବୁ ମୋର ମହାରାଜ ଅନ୍ନର ପ୍ରଭାବରୁ ସମ୍ରାଟ। ମୁଁ ତାଙ୍କର ଜନ୍ମ ଦେଖିଛି, ବିଦ୍ୟା ଅଧ୍ୟୟନ ଦେଖିଚି, ଦେଖିଚି ସମ୍ରାଟଙ୍କର ବାଲ୍ୟକ୍ରୀଡା। ଏବେ ତାଙ୍କୁ ହତ୍ୟା କରିବି କିପରି ସମ୍ରାଟ ? ଯୋଉ ହାତରେ ତାଙ୍କୁ ମୁଷ୍ଟି ଯୁଦ୍ଧ ଶିଖେଇଛି, ଯୋଉ ହାତରେ ରାଜକୁମାରଙ୍କ ଦେହରେ ମୁଁ ତୈଳମର୍ଦ୍ଦନ କରିଛି -ତାଙ୍କୁ ସେଇ ହାତରେ ହତ୍ୟା କରିବି କିପରି ସମ୍ରାଟ ?

ହମ୍ବୀର - ଠିକ୍ ଅଛି। ତା'ହେଲେ ମୁଁ ମହାମନ୍ତ୍ରୀଙ୍କୁ ଆଦେଶ କରୁଛି ।

ମହାମନ୍ତ୍ରୀ - ମୁଁ?

ହମ୍ବୀର - ଆମ୍ଭେ କୋଣ୍ଡାଭିଡୁ ଓ ରାଜମୁଂଦ୍ରୀରେ ଯୁଦ୍ଧ କରୁଥିଲାବେଳେ ପୁରୁଷୋତ୍ତମ ମୋ ଅନୁପସ୍ଥିତିରେ ସୁଯୋଗ ନେଇ ଉତ୍କଳ-କଳିଙ୍ଗର ରାଜସିଂହାସନ ମାଡିବସିଛି।ଏହି ଘୋର ଅପରାଧ ପାଇଁ ମୁଁ ପୁରୁଷୋତ୍ତମକୁ ଉତ୍କଳ କଳିଙ୍ଗରୁ ନିର୍ବାସନ କଲି।

(ଆବହ ସଂଗୀତ)

ତମେ ମହାମନ୍ତ୍ରୀ, ପୁରୁଷୋତ୍ତମକୁ ବିଜୟ ନଗର ଜଙ୍ଗଲରେ ଛାଡି ଦେଇଯାଅ।

ମନ୍ତ୍ରୀ - ଛାମୁଁ ?

ପାର୍ବତୀ - ପୁତ୍ର ହମ୍ବୀର। ଏ ଦଣ୍ଡାଦେଶ ଦେବା ପୂର୍ବରୁ ଆଉଥରେ ଚିନ୍ତା କରିବା ଉଚିତ୍ ଥିଲା।

ହମ୍ମୀର - କାହିଁକି ମାତାଶ୍ରୀ ?

ପାର୍ବତୀ - ପିତା ମହାରାଜ ପୁରୁଷୋତ୍ତମଙ୍କୁ ସିଂହାସନ ଦେଇଛନ୍ତି କିନ୍ତୁ ତାହା ନିଜ ଇଛାରେ ନୁହେଁ।

ହମ୍ମୀର - ତା' ହେଲେ ?

ପାର୍ବତୀ - ସ୍ୱୟଂ ଜଗନ୍ନାଥ ପିତା ମହାରାଜଙ୍କୁ ସ୍ୱପ୍ନରେ ଦେଖାଦେଇ ପୁରୁଷୋତ୍ତମଙ୍କୁ ଉତ୍ତରାଧିକାରୀ କରିବା ପାଇଁ ନିର୍ଦ୍ଦେଶ ଦେଇଛନ୍ତି ।

ହମ୍ମୀର - ତମ ଉତ୍କଳ କଳିଙ୍ଗର ପ୍ରଭୁ ଜଗନ୍ନାଥଙ୍କୁ ମାନିବା ପାଇଁ ମୁଁ ବାଧ୍ୟ ନୁହେଁ ମାତାଶ୍ରୀ। ମୁଁ ଦାକ୍ଷିଣାତ୍ୟର ରାଜ୍ୟପାଳ ଗଣପତି ଦେବଙ୍କୁ ପୂଜା କରି କଳିଙ୍ଗ ଉପରେ ବିଜୟ ଲାଭ କରିଛି। ତମ ଜଗନ୍ନାଥ ପିତାଶ୍ରୀଙ୍କୁ ସ୍ୱପ୍ନରେ କଣ ଆଦେଶ କରିଥିଲେ ତାହା ମୋ ପାଇଁ ଗ୍ରହଣଯୋଗ୍ୟ ନୁହେଁ।

ପୁରୁଷୋତ୍ତମ - ମାତାଶ୍ରୀ ! ମତେ ଯୁଦ୍ଧରେ ହରାଇ ସେ ବର୍ତ୍ତମାନ କଳିଙ୍ଗର ସମ୍ରାଟ ତାଙ୍କ ଆଜ୍ଞା ଶିରୋଧାର୍ଯ୍ୟ। ତେଣୁ ସେ ଦେଇଥିବା ନିର୍ବାସନ ଦଣ୍ଡ ଭୋଗିବାକୁ ମୁଁ ବାଧ୍ୟ।

ହମ୍ମୀର - ମହାମନ୍ତ୍ରୀ ! ପୁରୁଷୋତ୍ତମଙ୍କୁ ବିଜୟ ନଗର ଜଙ୍ଗଲରେ ଛାଡି ଦେଇ ଆସ।

ପାର୍ବତୀ - ତା ହେଲେ ମୋ ପାଇଁ କଣ ଆଦେଶ କରୁଛୁ ହମ୍ମୀର ?

ହମ୍ମୀର - ଆପଣ ରାଜ ପ୍ରାସାଦରେ ଯେଉଁଠି ଅଛନ୍ତି ସେଇଠି ରହିବେ ମାତାଶ୍ରୀ। ଆପଣ କିନ୍ତୁ ଅନ୍ତଃପୁରରେ ରହିବେ। ଦରବାରକୁ ଆସି, ମୋ ଶାସନ କାର୍ଯ୍ୟରେ ହସ୍ତକ୍ଷେପ କରି ପାରିବେ ନାହିଁ। (ଚାଲିଯାଉଥିଲେ, ଅଟକିଯାଇ) ମହାମନ୍ତ୍ରୀ ପୁରୁଷୋତ୍ତମଙ୍କୁ ଏଇ ପ୍ରାସାଦରେ ଶେଷଥର ପାଇଁ ଅନ୍ନ ବ୍ୟଞ୍ଜନ ଖୁଆଇ ବିଜୟନଗର ଜଙ୍ଗଲ ଭିତରେ ଛାଡି

ଦେଇଆସ। (ହମ୍ବୀରଙ୍କ ପ୍ରସ୍ଥାନ ମଞ୍ଚର ଆଲୋକ ମ୍ଳାନ ହୋଇ ଆସିଲା । ଆବହ ସଂଗୀତ କରୁଣ। ମଞ୍ଚରେ ଏକା ଦଣ୍ଡାୟମାନ ପାର୍ବତୀ। ମହାମନ୍ତ୍ରୀ, ସେନାପତି, ପୁରୁଷୋତ୍ତମ ସମସ୍ତଙ୍କ ପ୍ରସ୍ଥାନ। ଆବହ ସଂଗୀତରେ Key boardର କୋରାଲ ହମିଂ, ପ୍ରବେଶ କଲେ ସେନାପତି ପାଲଟା ସିଂ। ଅପରାଧୀ ଭଳି ରାଜମାତାଙ୍କ ପାଖକୁ ଆସିଲେ। କାନ୍ଦି କାନ୍ଦି କହିଲେ :

ପାଲଟା ସିଂ - ରାଜମାତା ! ମୁଁ ଆପଣଙ୍କ ପୁତ୍ରକୁ ରକ୍ଷା କରି ପାରିଲି ନାହିଁ। ଏ ରାଜ୍ୟର ସେନାପତି ହେବାପାଇଁ ମୁଁ ଅଯୋଗ୍ୟ ମାତାଶ୍ରୀ ! ମୁଁ... ମୁଁ... ମୋର ପ୍ରିୟ ସମ୍ରାଟଙ୍କୁ ସୁରକ୍ଷା ଦେଇ ପାରିଲି ନାହିଁ। (ରାଜମାତା ନିସ୍ତବ୍ଧ କାଷ୍ଠ ପିତୁଳା ପରି ଦଣ୍ଡାୟମାନ। ଚକ୍ଷୁରୁ ତାଙ୍କର ଅବାରିତ ଅଶ୍ରୁଧାରା ନିର୍ଗତ ହେଉଥିଲା) ଆପଣଙ୍କ ଅନ୍ନରେ ମୋର ପିଣ୍ଡ ଗଢା ହେଇଛି। ହେଲେ ଆପଣଙ୍କୁ ଆଉ ଆପଣଙ୍କ ପୁତ୍ରକୁ ରକ୍ଷା ଦେଇ ପାଇଲି ନାହିଁ। ମତେ ଦଣ୍ଡ ଦିଅନ୍ତୁ ମାତା !ମତେ ଦଣ୍ଡ ଦିଅନ୍ତୁ (ମାତାଙ୍କ ହାତଧରି ନିଜଗାଲକୁ ମାତାଙ୍କ ହାତରେ ଚାପୁଡା ମାରି ଚାଲିଲେ) ଦଣ୍ଡ ଦିଅନ୍ତୁ ମତେ ରାଜମାତା । ଏ ଅଯୋଗ୍ୟ ସେନାପତିଙ୍କୁ ଦଣ୍ଡ ଦିଅନ୍ତୁ (କାନ୍ଦୁଥିଲେ ପାର୍ବତୀ,କାନ୍ଦୁଥିଲେ ପାଲଟା ସିଂ। ମଞ୍ଚ ଅନ୍ଧାର)

ତୃତୀୟ ଦୃଶ୍ୟ

ଗୋଟିଏ ଘାଟି ରାସ୍ତା ଓ ଅଗନା ଅଗ୍ନି ବନସ୍ତ। ତାରି ଭିତରେ ଆଦିବାସୀ ମାନଙ୍କର ପର୍ବ ଚାଲିଛି। ଢୋଲ ମହୁରୀ ଇତ୍ୟାଦି ବାଜା ସହିତ ଆଦିବାସୀମାନେ ନୃତ୍ୟ କରି କରି ଆସୁଛନ୍ତି। ଆଦିବାସୀ ମାନଙ୍କ ମୁଣ୍ଡରେ ଶିଙ୍ଗଥିବା ଟୋପୀ। ହାତରେ ଗଛର

ଡାଳ ଧରିଛନ୍ତି। ବାଉଁଶ ନଳୀରୁ ସେମାନେ ମହୁଲି ପିଉଛନ୍ତି ଓ ମାତାଲ ହେଇ ନାଚୁଛନ୍ତି।

ପଟୁଆର ମଞ୍ଚର ଡାହାଣରୁ ବାମକୁ ଚାଲିଗଲା। ଯାପରେ ସେମାନେ ଧନୁଶର ଓ ବର୍ଚ୍ଛା ଧରି ଶିକାର କଲେ। ତାପରେ ନିଆଁ ଲଗେଇ ଶିକାରକୁ ପୋଡିକି ମାଂସ ଖାଇବେ। ଯା ପରେ ମାଙ୍କଡ ପରି ଗଛ ଉପରକୁ ଚଢି ଡାଳକୁ କୁଣ୍ଢେଇ ଧରି ଶୋଇପଡିବେ। ଜଙ୍ଗଲରେ ରାତି ଗହନ ହେଲା। ଆବହ ସଂଗୀତ ଓ ଆଲୁଅରେ ଜଙ୍ଗଲର ରାତିର ଏଫେକ୍ଟ (Effect)

ସକାଳ ହେଲା, ସୂର୍ଯ୍ୟୋଦୟ। ଦୁଇଟି ହରିଣ ଚରି ଚରି ମଞ୍ଚର ଏପଟୁ ସେପଟକୁ ଚାଲିଗଲେ। ତା'ପରେ ବାଘର ଗର୍ଜନ ଶୁଭିଲା ଓ ବାଘଟେ ପ୍ରବେଶ କଲା। ଆଦିବାସୀ ମାନେ ଧନୁଶର ଓ ବର୍ଚ୍ଛା ଧରି ବାଘକୁ ଗୋଡେଇଲେ। ବାଘ ଚାଲିଗଲା। ପୁଣି ଓଲଟା ପଟୁ ଆସିଲା ଗୋଟେ ହରିଣ। ଶବରମାନେ ତା'ଉପରକୁ ଫାଶ ଫୋପାଡିଲେ। ତାପରେ ପ୍ରବେଶ କଲେ ନିର୍ବାସିତ ରାଜା ପୁରୁଷୋତ୍ତମ। ବୟସ ଅଠର ଓ ତାଙ୍କ ମୁହଁରେ କିଛି କଅଁଳ ଦାଢି। ସେ ଫାଶରେ ପଡିଥିବା ହରିଣକୁ ଦେଖିଲେ। ହରିଣକୁ ମୁକ୍ତ କରିଦେଲେ। ହରିଣଟି ଦୌଡି ପଳେଇଲା।

ଗଛ ଉପରେ ଥିବା ଶବର ମାନେ ଖପ୍ ଖାପ୍ ଡେଇଁଲେ ଓ ପୁରୁଷୋତ୍ତମକୁ ଘେରିଗଲେ।

ଶବର ୧ - କିଏ ? କିଏରେ ତୁଇ ? ଆମ ଜଙ୍ଗଲ ଭିତରେ କିସ କରୁଚୁ ?

ଶବର ୨ - କେତେ କଷ୍ଟରେ ହରିଣଟାକୁ ଫାଶ ପକେଇ ଧରିଥିଲୁ। ସେଇଟାକୁ ଫିଟେଇ ଦେଲୁ ? କିଏରେ ତୁଇ ?

ପୁରୁଷୋତ୍ତମ - ଦେଖ ଆଟବିକ ମାନେ ! ମୁଁ ଯିଏ ହୁଏନା କାହିଁକି -ଆଜିଠୁ ଏ ଜଙ୍ଗଲ ମୋର। ଶୁଣ ! ହରିଣ ତାର ବୁଲୁଥିଲା, ତମେ ତାକୁ ଫାଶ ପକେଇ ଧରିଲ କାହିଁକି ? ଏ ଜଙ୍ଗଲ ତାର, ତମର ନୁହେଁ।

ଶବର ୩ - ଆରେ ସେଇଟା ଆମର ଖାଦ୍ୟ। ସେଇଟାକୁ କାଟି ଆମେ ନିଆଁରେ ପୋଡିଥାନ୍ତୁ ଆଉ ମହୁଲି ସାଙ୍ଗରେ ତାର ମାଉଁସ ଖାଇଥାନ୍ତୁ।

ପୁରୁଷୋତ୍ତମ - ନାଇଁ! ଆଜିଠୁ ଏ ଜଙ୍ଗଲରେ ଜନ୍ତୁ ମାରିବା ମନା, ବୁଝିଲ? ଏ ଜଙ୍ଗଲରେ ତମର ଯେତିକି ଅଧିକାର -ତାର ମଧ ସେତିକି।

ଶବର ୩ - କିଏରେ ତୁଇ? ଶବରମାନଙ୍କୁ ମାଉଁସ ଖାଇବାକୁ ମନା କରୁଚୁ? ଆମେ କିସ କୋଲି ଖାଇ ଏ ଡଂଗରରେ ବଞ୍ଚିବୁ? କିସ୍ ଜାଣିଚୁରେ ତୁଇ? ଆମକୁ ଏଇଠି ବାଘ ସାଙ୍ଗରେ ନଢେଇ କରିବାକୁ ପଡୁଛି। ହେଟା ସାଙ୍ଗରେ ହାତୀ ସାଙ୍ଗରେ ନଢେଇ କରିବାକୁ ପଡୁଚି। ଆମେ ମାଉଁସ ଖାଇବୁନି ଧିଅରେ ବଳ ଆସିବ କେମିତି?

ଶବର ୨ - ହରିଣ ମାରିବା ବନ୍ଦ କଲେ ମାଡ ଖାଇବୁ।

ଶବର ୧ - ହରିଣ ନ ମାରିଲେ ତତେ ମାରିଦବୁ।

ପୁରୁଷୋତ୍ତମ - କଣ କହିଲୁ ଶବର? ତୁ ମତେ ମାଡମାରିବୁ? ମାରିଲୁ ଦେଖି?

(ଶବର ତିନିଜଣ ପୁରୁଷୋତ୍ତମଙ୍କୁ ଆକ୍ରମଣ କଲେ। ପୁରୁଷୋତ୍ତମ ମୁଷ୍ଟି ଯୁଦ୍ଧ କରି ତିନିଜଣ ଯାକକୁ ହରେଇ ଦେଲେ। ହାରିଯାଇ ଶବର ମାନେ କହିଲେ:

ଶବର ୩ - ଆମକୁ ମାଫ୍‌କର ରଜା, ଆଜିଠୁ ତୁ ହଉଚୁ ଆମ ଶବର ମାନଙ୍କର ରଜା। ଆଉ ଆମେ ତୋର ପ୍ରଜା।

(ଏହା କହି ଶବରମାନେ ପୁରୁଷୋତ୍ତମଙ୍କ ବେକରେ ଫୁଲ ଓ ପତ୍ରର ହାର ପିନ୍ଧେଇଲେ। ଫଳମୂଳ ଆଉ କୋଳି ଟୋକେଇରେ ଆଣି ତାକୁ ଖାଇବାକୁ ଦେଲେ)

ପୁରୁଷୋତ୍ତମ - ଠିକ୍ ଅଛି। ଏଗୁଡା ସବୁ କଣ?

ଶବର - ଫଳ ମୂଳ, କନ୍ଦା ଆଉ କୋଳି ତୁ ଖାଇବୁ ରଜା। ଆମେ ତୋ' ପାଇଁ ପତ୍ର କୁଡିଆ ତିଆରି କରି ଦବୁ। ସେଇଠି ତୁ ରହିବୁ। ଚାଲଲେ! ଆମେ ଗୋଟେ ପଟୁଆର କାଢିବା।

(ଶବରମାନେ ସ୍ଲୋଗାନ ଦେଲେ)

ଶବର ୧-		ତୁଇ ଆମର ଜଙ୍ଗଲ ରଜା

ସମସ୍ତେ		- ଓଇ ଓଇ

ଶବର ୨-		ଜଙ୍ଗଲ ରଜା

ସମସ୍ତେ		- ଓଇ ଓଇ

ପୁରୁଷୋତ୍ତମ	- (ହସି) ହେଲା, ହେଲା, ହେଲା ! ତମେ ସବୁ କୁଡିଆ ତିଆରି କର । ମୁଁ ଝୋଲାରେ ଗାଧେଇକି ଆସେ।

(ଶବରମାନେ ପରସ୍ପରକୁ ଚାହିଁ ଠରା ଠରି ହେଲା ପରେ)

ଶଙ୍କର ୧		- ଗାଧେଇକି ଆଇଲେ ଆମେ ତତେ ପୂଜା କରିବୁ।

ସମସ୍ତେ		- ହଇ , ହଇ !

(ଶବରମାନେ ଓ ପୁରୁଷୋତ୍ତମ ଚାଲିଗଲେ। ମଞ୍ଚ ଡିମର୍‌ରେ ଅନ୍ଧାର ହେଲା, ଆବହ ସଂଗୀତରେ ଆଦିବାସୀ ବାଜା। ସାଙ୍ଗେ ସାଙ୍ଗେ ଆଲୁଅ ଆସିଲା ବେଳକୁ ପତ୍ର କୁଡିଆ ତିଆରି ହେଇ ଯାଇଛି। ଏତିକିବେଳେ ମହାବଳ ବାଘର ଗର୍ଜନ ଶୁଭିଲା ଓ ପ୍ରବେଶ କଲା ବାଘ। ଶବରମାନେ ଧନୁଶର ଧରି ତାକୁ ଗୋଡେଇଲେ ଓ ବାଘ ପାଣି ପିଇବା ପାଇଁ ଝୋଲା ଆଡକୁ ଗଲା।

ଶବର ୧-		ହଇରେ ! ରଜା ସେପଟ ଝୋଲାରେ ଗାଧୋଉଥିଲା ପରା ? ବାଘଟା ସେଇପଟକୁ ଗଲା।

ଶବର ୨		- (ବଡ ପାଟିରେ) ରଜା... ! ଗାଧେଇ ସାରିଲେ ଡେବିରି କାନି ବାଟରେ କିନ୍ଦିରେଇ କିନ୍ଦିରେଇ ପଳେଇଆ ...ଏପଟେ ବାଘ ମାତିଛି (ଆବହ ସଂଗୀତ। ଗାଧେଇ ସାରି ପ୍ରବେଶ କଲେ ପୁରୁଷୋତ୍ତମ)।

ପୁର		- କିରେ ବାଘ କାଇଁ ? ମୁଁ ମିଛୁଟାରେ ଦୌଡିଦୌଡି ଆସିଲି।

ଶବର ୨-		ଅଛି ରଜା, ବାଘୁଟା ଏଇଠି କୋଉଠି ବୁଲୁଚି। ଲୁଚିଛି କୋଉଠି, ଏଇଟା ମଣିଷମାରୁ ବାଘ। ଲୁଚିଥିବ ଗଛ

ଉପରେ- ନହେଲେ ବୁଦା ପଛରେ। ତତେ ଏକଲା ଦେଖିଲେ ତୋ ଉପରକୁ ଡେଇଁ ପଡିବ। ଭଲ୍ କଲୁ। ପଳେଇ ଆଇଲୁ ।

ଶବର ୧ - ଚାଲ ତୋ କୁଡିଆକୁ ଯିବା। ସେଇଠି ପାଚିଲା ଆମ୍ବ, ପାଚିଲା ପଣସ ଆଉ କଦଳୀ ରଖିଦେଇଚୁ, ଖାଇବୁ ଚାଲ।

ପୁରୁଷୋତ୍ତମ - ନାଇଁରେ। ଗାଧୋଇ ସାରିଲେ ମୁଁ ପୂଜା କରେ ପ୍ରଥମେ। ତାପରେ ଭୋଗ ଲଗେଇ ମୁଁ ଯାହା କିଛି ଖାଏ।

(ଆଦିବାସୀ ମାନେ ପରସ୍ପରକୁ ଚାହିଁ ଠରାଠରି ହେଲେ ରଜା କିସ କହୁଚି ଭାବଟିକୁ ଠାରରେ ପ୍ରକାଶ କଲେ।)

ଶବର ୧- ଆରେ ରଜା କହୁଚି, ମାହାପୁରୁ କରିବ। ତାପରେ ଖାଇବ।

ଶବର ୩ - ହଇ! ହେଲା ଯେ ଡଙ୍ଗର ଭିତରେ କୋଉ ମାହାପୁରୁ କରିବ। ଇଏତ ଦେଉଳ ଠାକୁରଙ୍କୁ ଭୋଗ ଲଗଉ ଥିଲା।

ଶବର ୨- ଏଇଠି ବଣ ଭିତରେ ମାହାପ୍ରୁ କାଇଁ?

ପୁରୁଷୋତ୍ତମ - ଅଛିରେ ଆଟବିକ ମାନେ! ମୋ ଠାକୁର ସବୁଠି ଅଛନ୍ତି । ସିଏ ଉଜ୍ଜ୍ୱଳ ନୀଳମଣି, ନୀଳମାଧବ । ଡାକିଦେଲେ ଓ କରିବ, କେତେବେଳେ ସିଏ ଉଗ୍ରବୀର ନୃସିଂହଙ୍କ ପରି ଖମ୍ବ ଭିତରେ ଥାଏ- ଆଉ କେତେବେଳେ ବକ୍ରତୁଣ୍ଡ ମହାକାୟ କେତେବେଳେ ସିଏ ରାମାୟଣର ଈକ୍ଷ୍ୱାକୁ ବଂଶର କୁଳ ଦେବତା ତ କେତେବେଳେ ସିଏ ଗର୍ବଗଞ୍ଜନ ବାମନ, ତମେ ଶବର ମାନେ ମୋ ଠାକୁରଙ୍କୁ ଚିହ୍ନି ନାହଁ। କେତେବେଳେ ସିଏ ଦକ୍ଷିଣ କାଳିକାତ କେତେବେଳେ ପ୍ରଶାନ୍ତ ବଦନ ବୁଦ୍ଧଦେବ।

(ଆଟବିକମାନେ କିଛି ବୁଝିନପାରି ଠରାଠରି ହେଲେ)

ଶବର ୧- ହଇ! ହେଲା, ହେଲାରେ ରଜା, ତୁ କିସ କହୁଛୁ ଆମେ

ବୁଝୁଛୁ । ହେଲେ ଆମ ଜଙ୍ଗଲ ଦେବତା ସେ । ଗଛ ଗଣ୍ଡିରେ ଅଛି । ସେଇ ଯୋଡ଼ ଡମ୍ବୁରୁ ଭଳି ଦିଶୁଛି ଗଣ୍ଡିଟା- ସେଇଠି ଅଛି ।

ପୁର - କୋଉଗଛ ?

ଶବର ୧ - ଆ- ମୋ ସାଙ୍ଗରେ ଆ !

(ଗଛ ପାଖକୁ ନେଇ)

ଏଠି ପୂଜା କର । ମାହାପ୍ରୁ ଆଇବେ । ପୂଜାକର

(ଶବରମାନେ ଚାଲିଗଲେ । ଶଙ୍ଖ ବାଜିଲା, ପହଣ୍ଡି ବେଳର ଘଣ୍ଟ ବାଜିଲା, ବନ୍ଦ ହେଲା)

ପୁରୁଷୋତ୍ତମ - ହେ ପ୍ରଭୁ ! ହେ କୃପା ପାରାବାର । ତମେ ହାତ ବଢ଼େଇ ଦେଲେ ସାତ ଜେଗା, ସାତ ଆଖଡ଼ା ଥରି ଉଠୁଛି । ତମେ ତ ସବୁଠି ଥାଅ ପ୍ରଭୁ । ଶୁଖିଲା ପତ୍ରରେ ଥାଅ ଏବଂ ଥାଅ ଜଳାର୍ଣ୍ଣବରେ । ତମେ ଭକ୍ତର ଭଗବାନ । ଭକ୍ତପାଇଁ ରତ୍ନ ସିଂହାସନ ଛାଡ଼ି ଓହ୍ଲାଇ ଆସ ମର୍ତ୍ତ୍ୟ ଲୋକକୁ । ଯେ କୌଣସି ରୂପରେ - ଯେ କୌଣସି ସ୍ଥାନରେ - ଯେ କୌଣସି କାଳରେ । ତମେ ପରା ଭାବଗ୍ରାହୀ ପ୍ରଭୁ ? ମଣିମାନ୍ତେ । ମୋ ଡାକ ଶୁଣ ,

(ମୁଣ୍ଡିଆ ମାରିଲେ ପୁରୁଷୋତ୍ତମ । ହଠାତ୍ ଗୋଟିଏ ଘୋଡ଼ା ଦୂରରୁ ଆସିବାର ଶବ୍ଦ ହେଲା । ଘୋଡ଼ାଟି ମଞ୍ଚ ଉପରକୁ ଆସିଲା ଓ ଘୋଡ଼ାରୁ ଓହ୍ଲାଇଲେ ସେନାପତି ପାଲଟା ସିଂ । ପୁରୁଷୋତ୍ତମ ମୁଣ୍ଡିଆ ମାରି ଉଠିଲେ ଓ ସେନାପତି ପାଲଟା ସିଂଙ୍କୁ ଦେଖି ଆଚମ୍ଭିତ ହେଲେ)

ପୁର - ପାଲଟା ସିଂ ତମେ ?

ପାଲ୍‌ଟା ସିଂ - ରାଜମାତା ପଠେଇଛନ୍ତି ଛାମୁଁ । ଏଇ ନିଅନ୍ତୁ ଠାକୁରଙ୍କ

ମୂର୍ତ୍ତି । ମୂର୍ତ୍ତି ପଛପଟେ ଯୋଉ ଗାତଟା ଅଛି, ତା ଭିତରେ ମହାପ୍ରଭୁଙ୍କ ବ୍ରହ୍ମ ଅଛି ଛାମୁଁ । ରାଜମାତା କହିଲେ ଏ ବ୍ରହ୍ମ ବର୍ତ୍ତମାନର ମହାରାଜା ହମ୍ବୀର ଦେବଙ୍କ ଅମଳରେ ସୁରକ୍ଷିତ ରହିବା ସମ୍ଭବ ନୁହେଁ । ମା' କହିଲେ ଏ ବ୍ରହ୍ମ ଆପଣଙ୍କ ପାଖରେ ରହିବ । ଛାମୁ ଆପଣ ଏ ବ୍ରହ୍ମର ରକ୍ଷକ । ଏ ଅଖିଳ ବ୍ରହ୍ମାଣ୍ଡପତିଙ୍କ ରକ୍ଷକ ।

ପୁର - ଠିକ୍ ଅଛି ପାଲଟା ସିଂ, ମାତାଙ୍କ ଆଦେଶ ଶିରୋଧାର୍ଯ୍ୟ

ପାଲଟା ସିଂ - (ବୁଜୁଲି ଭିତରୁ କୁଡୁଆଟେ ବାହାର କରି) ସାଙ୍ଗରେ ମହାପ୍ରଭୁଙ୍କ ଅବଢା ଅଦାହିଙ୍ଗୁ ଖେଚେଡି କୁଡୁଆଟେ ଆଣିଚି ଛାମୁ । ଲାଗି ହେବେ ।

ପୁର - (କୁଡୁଆ ଗ୍ରହଣ କରି) ଆହା ମୋର କି ଭାଗ୍ୟ ସେନାପତି ! ଏ ବୃକ୍ଷଦେବତାଙ୍କ ଭିତରେ ଜଗନ୍ନାଥଙ୍କୁ ପୂଜା କରି ଉଠୁଚି, ତମେ ଆସିଗଲ । ମା'କେମିତି ଅଛନ୍ତି ? ତାଙ୍କୁ ମୋର ଭୂମିଷ୍ଠ ପ୍ରଣାମ ଜଣେଇଦବ ।

ପାଲଟା ସିଂ - ମହାରାଜା ହମ୍ବୀରଦେବଙ୍କ ଅମଳରେ ରାଜମାତା ଭଲରେ ନାହାନ୍ତି ଛାମୁ । ରାଜପ୍ରସାଦରେ ଜଗନ୍ନାଥ ମହାରାଜ ପ୍ରସାଦ ନଖାଇ ମଦ୍ୟମାଂସ ଭକ୍ଷଣ କରୁଛନ୍ତି, ଦେଉଳରେ ଇଷ୍ଟ ଦେବ ଜଗନ୍ନାଥ । ମହାରାଜା ଦିନେ ହେଲେ ଦର୍ଶନ କରିବାକୁ ଯାଉନାହାନ୍ତି । ମା'ପଚାରିଲେ କହୁଛନ୍ତି ସିଏ ଗଣନାଥଙ୍କର ଭକ୍ତ-ଜଗନ୍ନାଥଙ୍କର ନୁହନ୍ତି ।

ପୁରୁ - ଭ୍ରାତାଶ୍ରୀ ଜଗନ୍ନାଥଙ୍କୁ ଚିହ୍ନିପାରୁନାହାନ୍ତି ପାଲଟା ସିଂ ଯଦି ସିଏ ଜଗନ୍ନାଥଙ୍କୁ ଗଣପତି ବେଶରେ ଦେଖିବାକୁ ଚାହାଁନ୍ତି ତା'ହେଲେ ସିଏ ବକ୍ରତୁଣ୍ଡ ମହାକାୟ ହେଇ ପ୍ରକଟ ହେବେ ।

ସେନାପତି - ମୁଁ ସୈନ୍ୟ ଯୋଗାଡ କରୁଛି ଛାମୁଁ, କାହାକୁ କହିବେ

ନାହିଁ,ଗୁପ୍ତରେ ସବୁ କାମ ହବ।

ପୁରୁ - ପାଲ୍‌ଟା ସିଂ

ସେନାପତି - ଆପଣ ନିଜେ ନିଜେ ସମର ଅଭ୍ୟାସ କରୁଥାନ୍ତୁ, ମୁଁ ମଝିରେ ମଝିରେ ଆସୁଥିବି। ଆପଣ ଯୋଉ ଦିନ ଚାହିଁବେ, କଳିଙ୍ଗ ଉତ୍କଳ ଉପରେ ଆକ୍ରମଣ କରିବେ।

ପୁରୁ - କରିବା ପାଲ୍‌ଟା ସିଂ । ବାହାମନୀରେ ଅକାଳ ପଡିଛି। ପଠାଣମାନେ ହସ୍ତୀର ଦେବଙ୍କୁ ସାହାଯ୍ୟ କରିବେ ନାହିଁ । ତମେ ସାହାଯ୍ୟ କଲେ ମୁଁ ପୁଣିଥରେ ଉତ୍କଳ କଳିଙ୍ଗରେ ସିଂହାସନ ଅଧିକାର କରିପାରିବି।

ସେନାପତି - ମୁଁ ତା'ହେଲେ ଆସୁଚି ଛାମୁଁ, ରାଜମାତା ଜଗନ୍ନାଥଙ୍କ ପାଖରେ ଅଧିଆ ପଡିଛନ୍ତି। ମୁଁ ଫେରି ଆପଣଙ୍କ କୁଶଳବାର୍ତ୍ତା ଦେଲେ ଯାଇ ସିଏ ଅନ୍ନସ୍ପର୍ଶ କରିବେ।

(ସେନାପତି ପୁରୁଷୋତ୍ତମଙ୍କ ଚରଣ ସ୍ପର୍ଶ କଲେ)

ପୁରୁ - ସମୟ ପାଇଲେ ମଝିରେ ମଝିରେ ଆସୁଥିବ ପାଲ୍‌ଟା ସିଂ, ନିର୍ବାସନ ପରେ ରାଜବାଟୀର ଖବର ଜାଣିପାରୁନଥିଲି। ତମେ ଆସିଲ ଭଲ ଲାଗିଲା। ଯାଅ- ମାତାଶ୍ରୀଙ୍କୁ ମୋର ପ୍ରଣାମ ଜଣେଇ ଦେବ। କହିବ - ଏଇଠି ମୁଁ ଅନାର୍ଯ୍ୟ ମାନବ ଗହଣରେ ଭଲରେ ଅଛୁ।

(ସେନାପତି ପାଲ୍‌ଟା ସିଂ ଚାଲିଗଲେ। ଗୁରୁ ରାଜମାତା ପଠାଇଥିବା ଜଗନ୍ନାଥ ମୂର୍ତ୍ତିଟିକୁ ଧରି ଆବେଗଭରା କଣ୍ଠରେ କହିଲେ)

ମୁଁ ଧନ୍ୟ ହେଇଗଲି ପ୍ରଭୁ। ମୁଁ ଆପଣଙ୍କୁ ସ୍ମରଣ କଲି ଆଉ ଆପଣ ପୂର୍ଣ୍ଣବ୍ରହ୍ମ ହୋଇ ମୋ'ପାଖରେ ପହଂଚିଗଲେ। ଆପଣ ଅନ୍ତର୍ଯ୍ୟାମୀ ପ୍ରଭୁ। ଚେତନାରେ ମୁଁ ଯାହା ଅନୁଭବ କଲି-ଆପଣ ତାହା ପ୍ରତ୍ୟକ୍ଷ-କରାଇଦେଲେ। ଇଏ ଯିଏ

ଆସିଥିଲେ ସିଏ କଣ ସତରେ ଆମ କଳିଙ୍ଗ ଉତ୍କଳର ସେନାପତି ନା ପ୍ରଭୁ ଜଗନ୍ନାଥଙ୍କର ମାୟା ରୂପ ? ମୁଁ ପଛେ ଏ ବଣରେ ନିର୍ବାସିତ ହେଇ ନିଃସଂଗ ଜୀବନ ଯାପନ କରୁଥାଏ, ଆପଣ ପ୍ରଜାମାନଙ୍କୁ ଶଙ୍ଖରେ ପୁରାଇ ଚକ୍ର ଉହାଡରେ ରଖିଥାନ୍ତୁ । ମହାବାହୁ ! ତମର ଇଚ୍ଛାରେ ଏଇଠି ଆର୍ଯ୍ୟ -ଅନାର୍ଯ୍ୟ ମାନଙ୍କର ମିଳନ ହେଉ ।

(ଆବହ ସଂଗୀତ ଆଦିବାସୀମାନେ ନାଚିଲେ ଓ ଗାଇଲେ)

ଶବର ଗଣ - ଓଇ ଓଇ ଓଇ ଓଇ

ଓଇ ଓଇ ଓଇ ଓଇ

(ଶବରମାନେ ନାଚିଲେ ଓ ଡିମରରେ ମଞ୍ଚର ଆଲୁଅ ଧିରେ ଧିରେ ନିର୍ବାପିତ ହେଲା । ଆବହ ସଂଗୀତ ବନ୍ଦ ହେଲା ଓ ସାଙ୍ଗେ ସାଙ୍ଗେ ମଞ୍ଚ ଆଲୋକିତ ହେଲା । ମଞ୍ଚ ଉପରେ ଗୋଟେ ହରିଣ ଛୁଆ ଶରବିଦ୍ଧ ହୋଇ ଟଳି ପଡିଲା । ପ୍ରବେଶ କଲା ବାହାମନୀର ଏକ ପଠାଣ । ହରିଣ ଦେହରୁ ଶରଟି ବାହାର କରି ତାକୁ କାନ୍ଧରେ ପକାଇ ଚାଲିଲା । ଶବରମାନେ ତାକୁ ଅଟକାଇଲେ)

ଶବର ୧ - ଏ ଦାଢି ! କିଏ ବେ ତୁଇ ଆମ ଜଙ୍ଗଲରେ ? ଈଆଡେ କୁଆଡେ ଆଇଚୁ ?

ପଠାଣ - ହମ୍ ମହମ୍ମଦ ଶାହ - ବାହାମନୀ ସେ ଆୟୀ ହୁଁ

ଶବର ୧ - ବାହମନୀ କୁଆଡେ କିରେ ଭାଇମାନେ ?

ପଠାଣ - ବିଜାପୁର, ଅହମ୍ମଦ ନଗର ତା'ପରେ ବାହାମନୀ

ଶବର ୧ - ହଇ ହଇ, ହେଇଥିବ ! ଏ ହରିଣଟା ଆମର । ଏଇଟାକୁ ମାରିକି ନଉଚୁ କୁଆଡେ ? ରଖ ଏଇଠି ।

ପଠାଣ - ମାର୍ ଦିୟା ତୋ କଥା ହୁଆ ?

ପୁରୁଷୋତ୍ତମ - ଏ ପଠାଣ୍ ! ଆମ ଜଙ୍ଗଲରେ ଆମେ ଜୀବଜନ୍ତୁ ମାନଙ୍କର ହେପାଜତ୍ ନେଉ । ତୁ କାଇଁକି ମାରିଲୁ ?

ପଠାଣ - ହମାରେ ଓହାଁ ଅକାଲ୍ ପଡା ହୈ -ଦୋ' ସାଲ୍‌ସେ ବାରିଶ୍ ନହିଁ ହୁଆ ହୈ,କାନେକୋ ନହିଁ ମିଲ୍‌ତା -ତୋ- ଦୋ ଦିନ୍‌ସେ ଭୁକା ହୁଁ, ମେଟମେଁ କ୍ୟାଉଁ, କ୍ୟାଉଁ -ଚିଁ ଚିଁ ଚିଁ ପେଟ୍ ମେଁ ଚୁହେ ଦୌଡ ରହେ ହୈଁ।

ଶବର ୧ - ସେଇଠୁ ? ତୁ ଆମ ଜଙ୍ଗଲରେ ପଶି ହରିଣ ମାରିବୁ ?

ପଠାଣ - ଭୁକା ହୁଁ , ଦୋ ଦିନ୍‌ସେ ପେଟ ମେଁ ଚୁହେ ଦୌଡ ରହେ ହୈ- କ୍ୟାଉଁ ଟ୍ୟାଉଁ -ଚିଁ ଚିଁ ଚିଁ.. ଅବ୍ ଇସ୍‌କୋ ଦେଖା ତୋ' ମାର ଦିୟା ଅବ୍ ଇସ୍‌କୋ ଜଲାଏଁଗେ ଔର ଗୋସ୍ କାଏଁଗେ। ଥୋଡା ଆଗ୍ ମିଲଜାୟେ ତୋ ମେହରବାନୀ ହୋଗୀ।

ଶବର ୧ - ଆରେ ଖାଇବାକୁ ନାହିଁତ ରଜାଘରକୁ ଯା -ଭିକ ମାଗେ- ସେମାନେ ଖାଇବାକୁ ଦେବେ।

ପଠାଣ - ନାକୋ ! ନହୀଁ ଦିୟା

ଶବର ୧ - ଆବେ ରଜାଘରକୁ ଯା'-

ପଠାଣ - ଗୟା ଥା। ବିଜୟ ନଗରମ୍ ରାଜାକେ ପାଶ୍ ଗୟାଥା। ୱହ୍ ଶାଲା କୁଛନହିଁ ଦିୟା। ବୋଲା -ଜଙ୍ଗଲ ମେଁ ଜାଓ -ମୁଫତ୍ ମେ ଫଲ୍ ମିଲ୍‌ତା ହୈ। ଅବ ହମ୍ କ୍ୟା କରୁଁଗା ? ଶାଲା ପଠାନ୍ କା ବଚ୍ଚା ହୁଁ -ହିନ୍ଦୁ ମାଫିକ୍ ଫଲ୍ କାଉଁଗା କ୍ୟା ?ଇସ୍ ହିରନ୍ କୋ ଦେକା ତୋ' ମାରଦିୟା।

ଶବର ୧ - ଦେଖ ବାପା ଦାଢି ! ଏ ହରିଣ ଆମର, ଏ ଜଙ୍ଗଲ ଆମର। ଏଇଟାକୁ ଏଇଠି ଛାଡିକି ଯା', ନହେଲେ ମାଡ ଖାଇବୁ।

ପଠାଣ - କ୍ୟା ବୋଲା ? ମାରେଗା ହମ୍‌କୋ ? ହମ ନହୀଁ ଛୋଡେଁଗେ ଆରେ ହମ୍‌ଭି ପଠାନ୍ କା ବଚ୍ଚା ହୁଁ -କାଟ୍ ଡାଲୁଁଗା। ତୁମ୍‌ହାରା ଜଙ୍ଗଲ କୋ ଲୁଟ୍ କରୁଁଗା। ତୁମ୍‌ହାରା ଶହର୍‌ମେ ଘୁସୁଁଗା - ଶାଲା ହିନ୍ଦୁ ଓଁ କୋ ଲୁଟୁଁଗା।

ପୁରୁ - ଦେଖ -ତମେ ବିଜୟ ନଗରର ପଡୋଶୀ ରାଜ୍ୟରୁ ଆସିଚ- ଚାଲିଯାଅ ଏଇଠୁ। ଚୁପ୍‌ଚାପ୍ ଚାଲିଯାଅ -ନ ହେଲେ ତମ ଅବସ୍ଥା ଖରାପ ହେଇଯିବ।

ପଠାଣ - କ୍ୟୋଁ ? ଦୁମ୍ ଦବାକେ ଭାଗ୍ ଯାଉଁଗା କ୍ୟୋଁ ? ପେଟ୍ କେ ଲିୟେ ହମ୍ ଲଢେଁଗେ.. ଓ୍ବହ ଶାଲା ବିଜୟନଗରମ୍ ରାଜା ନାରସିଂହା କୋ ସବକ୍ ଶିଖାଉଁଗା, ଘୁସୁଁଗା ଶାଲେକୀ ହବେଲୀ ମେଁ -ଲୁଟୁଁଗା -

(ହରିଣ ଛୁଆକୁ ଧରି ଚାଲିଗଲା ପଠାଣ, ପୁରୁଷୋତ୍ତମ ଓ ଶବରମାନେ ଚାଲିଗଲେ। ମଞ୍ଚ ଅନ୍ଧାର ହୋଇ ପୁଣିଥରେ ଆଲୁଅ ଆସିଲା ବେଳକୁ ଜଙ୍ଗଲ ଖାଲି। ଦୂରରୁ ଗୋଟିଏ ଘୋଡାର ଟାପୁ ଶବ୍ଦ ଶୁଭିଲା। ଘୋଡାରେ ବସି ପ୍ରବେଶ କଲେ ପଦ୍ମାବତୀ। ଥରେ ଦୁଇଥର ଏ ପଟରୁ ସେପଟକୁ ଯିବା ଆସିବା କଲା ପରେ ଓ୍ବିଂଗ୍‌ସ୍ କଡରୁ ଡେଇଁକି ଆସିଲା ପଠାଣ)

ପଠାଣ - ଏୟ, ଓହ୍ଲା ସେ ଘୋଡାରୁ ଛୋକରୀ !ଲଡକୀ ହୋ କର୍ ଘୋଡେପେ ସଓ୍ବାର ? ବଦନ୍‌ପେ ହଜାର ମାଡ ସୋନେକା ଜେଓ୍ବର ? କୌନ ହୈରେ ତୁ ? କୋଇ ହିନ୍ଦୁ ରାଜାକା ରାନୀ ହୈ କ୍ୟା ? ଉତାର ଓ୍ବ ଜେବର।

(ପଦ୍ମା ଘୋଡା ଉପରୁ ଓହ୍ଲାଇ ଗୋଟାଏ କରାଟେ ଷ୍ଟାଇଲ୍ ମାଡ ଦେଲା ଯେ ପଠାଣ ମାଟି କାମୁଡି ଜଙ୍ଗଲରେ ପଡିଗଲା)

ପଦ୍ମା - ମର୍ ଶଳା ପଠାଣ !

ମହମ୍ମଦ - ଏ ଲଡକୀ ! ମହମ୍ମଦ ଶାହ ଅଲ୍ଲୀ ସାଙ୍ଗରେ ପଙ୍ଗା ଲଉଛୁ ? ଖାଲ ଢିପ ସବୁ ସମାନ କରିଦେବି। କାଢ ସେ ଜେବର୍ - ସୁନା, ହୀରା ଆଉ ମାନିକ... ଯାହା ପିନ୍ଧିଛୁ ସବୁ ବାହାର କର।

ପଦ୍ମାବତୀ - ଏୟ ପଠାଣ ! ତୁ ଜାଣିନୁ କାହା ସାଙ୍ଗରେ ପଙ୍ଗା ନଉଚୁ !

ମହମ୍ମଦ	-	ମୁଁ ମହମ୍ମଦ ଶାହ ଅଲ୍ଲୀ.. ମୁଁ ଏଇ ଦକ୍ଷିଣ ଭାରତର ନୁହେଁ... ମୋ ଘର ଦିଲ୍ଲୀ ... କାଢ ସେ ଗହଣା। (ଏହା କହି ପାଟିରେ ସୁସୁରି ମାରିଲା ମହମ୍ମଦ। ଉଭୟ ପଟୁ ଦୁଇ / ଚାରିଜଣ ପଠାଣ ଆସି ଆକ୍ରମଣ କଲେ ପଦ୍ମାକୁ)
ପଦ୍ମା	-	ଏୟ ! ସାହସ ଅଛିତ ସାମ୍ନାକୁ ଆସ। ପଛପଟୁ କଣ ଆକ୍ରମଣ କରୁଛ ? (ପଠାଣମାନେ ହସିଲେ। ପଦ୍ମାକୁ ଭୟଭୀତ କରାଇଲେ। ଜବରଦସ୍ତ ପଦ୍ମା ଖୋଲିଲା ଗହଣା। ତା'ପରେ ଜେମାକୁ ଉଠେଇ ନେଇ ଗୋଟିଏ ପରିତ୍ୟକ୍ତ କୂପ ଭିତରେ ନିକ୍ଷେପ କରିବାକୁ ନେଉଥିଲା।)
ପଦ୍ମାବତୀ	-	(ଚିତ୍କାର କଲେ ପଦ୍ମାବତୀ) "ବଞ୍ଚାଅ... ବଞ୍ଚାଅ... କିଏ ଅଛ ବଞ୍ଚାଅ।" (ଆକସ୍ମିକ ପ୍ରବେଶ କଲେ ପୁରୁଷୋତ୍ତମ। ମହମ୍ମଦ ଶାହ ପଠାଣମାନଙ୍କ ସାଙ୍ଗରେ ଯୁଦ୍ଧ। ମହମ୍ମଦର ମୃତ୍ୟୁ।)
ପୁରୁଷୋତ୍ତମ	-	ଆସ, କିଏ ତମେ ? କୋଉଠିକି ଯିବ ଚାଲ -ମୁଁ ଛାଡିଦେଇ ଆସିବି।
ପଦ୍ମାବତୀ	-	(ମନ୍ତ୍ରମୁଗ୍ଧା ଦୃଷ୍ଟିରେ ଚାହିଁ ରହିଲେ ପୁରୁଷୋତ୍ତମଙ୍କୁ)
ପୁରୁଷୋତ୍ତମ	-	କ'ଣ ହେଲା ? ସେ ଦୁର୍ବୃତ୍ତ ପଠାଣ ସାଙ୍ଗରେ ଯୁଦ୍ଧ କରିବା କଣ ଦରକାର ଥିଲା ? ଜାଣି ଜାଣି ବିପଦ ଡାକି ଆଣୁଚ ? କିଏ ତମେ ?ତମ ଗତିବିଧିରୁ ଜଣାପଡୁଚି ତମେ କ୍ଷତ୍ରିୟ କନ୍ୟା।
ପଦ୍ମାବତୀ	-	ହଁ ମୁଁ କ୍ଷତ୍ରିୟ ଘରର ଝିଅ। କିନ୍ତୁ ମୁଁ ଓଡିଆ ନୁହେଁ। କାନାଡିଗା। ଟିକିଏ ଟିକିଏ ଓଡିଆ ବୁଝିପାରୁଛି।
ପୁରୁଷୋତ୍ତମ	-	ଆଃ ! ତା'ମାନେ ବିଜୟନଗର ଝିଅ।
ପଦ୍ମାବତୀ	-	ହଁ ଆର୍ଯ୍ୟ ! ମୁଁ ବିଜୟନଗର ଅଧିପତି ସାଲ୍ୱା ନରସିଂହା

ଦେବରାୟଙ୍କ କନ୍ୟା ପଦ୍ମାବତୀ। (ଆବହ ସଂଗୀତ) କିନ୍ତୁ ଆପଣ କିଏ ଆର୍ଯ୍ୟ ? ଏ ଘଞ୍ଚ ଜଙ୍ଗଲ ଭିତରେ କିଏ ଆପଣ ଦେବଦୂତ ?

ପୁରୁଷୋତ୍ତମ - ନା'ଦେବୀ, ମୁଁ ଦେବଦୂତ ନୁହେଁ, ସାମାନ୍ୟ ବନବାସୀଟିଏ। ତମେ କିଏ ?.... କିଏ ତମେ ଅପୂର୍ବ ସୁନ୍ଦରୀ ?

ପଦ୍ମାବତୀ - ଜୀବନର ଅରଣ୍ୟ ଭିତରେ ବାଟ ଭୁଲି ଯାଇଥିବା ନାରୀଟିଏ। ଆଶ୍ରୟ ଖୋଜୁଛି।

ପୁରୁଷୋତ୍ତମ - ଦେବୀ ! ଆଶ୍ରୟ ଦେବା ମୋର କର୍ତ୍ତବ୍ୟ, କିନ୍ତୁ ଜଣେ ସ୍ତ୍ରୀଙ୍କୁ... ତା'ପୁଣି ଜଣେ ସୁନ୍ଦରୀ ସ୍ତ୍ରୀଙ୍କୁ ମୋର ପର୍ଣ୍ଣ କୁଟୀରରେ ଆଶ୍ରୟ ଦେବାକୁ ସଂକୋଚ ଅନୁଭବ କରୁଛି। ମୋର ଜନଜାତି ପ୍ରଜାମାନେ ଖରାପ ଭାବିବେ।

ପଦ୍ମାବତୀ - କାହିଁକି ପ୍ରଭୁ ?

ପୁରୁଷୋତ୍ତମ - କାହିଁକି ମାନେ... ...ସ୍ତ୍ରୀମାନେ...... ଅନ୍ଧକାର...... ସ୍ତ୍ରୀମାନେ ମାୟା... ସେମାନେ ମୋହ ସୃଷ୍ଟି କରିବେ। ତଥାପି ମୋର କର୍ତ୍ତବ୍ୟ ନିରାଶ୍ରୟଙ୍କୁ ଏ ଜଙ୍ଗଲ ଭିତରେ ଆଶ୍ରୟ ଦେବା।

ପଦ୍ମାବତୀ - ଠିକ୍ ଅଛି। ମୁଁ ତା' ହେଲେ ଚାଲିଯିବି।

ପୁରୁଷୋତ୍ତମ - ମୁଁ କ'ଣ କରିବି ଦେବୀ? ମା' ମତେ ପିଲାବେଳରୁ ଶିଖେଇଛନ୍ତି ସବୁବେଳେ ଆଲୋକ ଓ ପ୍ରକାଶ ଆଡକୁ ଯିବାପାଇଁ।

(ଆବହ ସଂଗୀତ ନାରୀ କଣ୍ଠରେ ଆଳାପ)

ପଦ୍ମାବତୀ - ପ୍ରକାଶ ? ଠିକ୍ ଅଛି। ହେ ପ୍ରକାଶ ପାଇଁ ଲୁବ୍ଧ ପତଙ୍ଗ। ଅନ୍ଧକାର ତୁମକୁ ପ୍ରଣାମ କରୁଛି। ବିଦାୟ !

(ପଦ୍ମା ଚାଲି ଯାଉଥିଲେ। ଅଟକାଇଲେ ପୁରୁଷୋତ୍ତମ)

ପୁରୁଷୋତ୍ତମ - ଶୁଣ ସୁନ୍ଦରୀ ! ତମ କବିତ୍ୱ ଭିତରେ ଯୋଉ କର୍କଶତା ଅଛି, ତା'ଉପରେ ଏକ ଉନ୍ମାଦର ଆବରଣ ମଧ୍ୟ ମୁଁ ଦେଖି ପାରୁଛି। ସେଇଟା ହିଁ ତମର ବିଷ ଦାଉ। ସେଥିପାଇଁ ତମର ଏ ଅପୂର୍ବ ସୌନ୍ଦର୍ଯ୍ୟ! ଆସ ... ଏ ଜଙ୍ଗଲରେ ଥିବା ମୋ କୁଟୀର ଭିତରକୁ ଆସ। ମୋ କୁଟୀର ହିଁ ହେବ ତୁମ ପାଇଁ ଉଚିତ ଆଶ୍ରୟ।

ପଦ୍ମାବତୀ - ତା'ପୂର୍ବରୁ ଆପଣଙ୍କ ପରିଚୟ ଜାଣିବାର ଅଧିକାର ମୋର ଅଛି । କୁହନ୍ତୁ... କିଏ ଆପଣ ?

ପୁରୁଷୋତ୍ତମ - ମୁଁ ଜଣେ ସାଧାରଣ କଳିଙ୍ଗବାସୀ ଜେମାମଣି। ଓଡିଆ।

ପଦ୍ମାବତୀ - କିନ୍ତୁ ଆପଣଙ୍କର ଏ ରୂପ, ଏ ଯୌବନ, ଏ ବୀରତ୍ୱ ଦେଖି ମୁଁ ସମ୍ମୋହିତା ହେଇପଡୁଛି ଆର୍ଯ୍ୟ। କଳିଙ୍ଗର ଓଡିଆ ମାନେ ଏତେ ସୁନ୍ଦର ଆଉ ଏତେ ମାର୍ଜିତ ? କିନ୍ତୁ ପିତା ମୋର ଏକାଧିକ ବାର କଳିଙ୍ଗ ଆକ୍ରମଣ କରିଛନ୍ତି। ଶୁଣିଥିବେ ସାଲ୍ୱା ନରସିଂହା ଦେବରାୟଙ୍କ ନାମ। ସିଏ ମୋର ପିତା।

ପୁରୁଷୋତ୍ତମ - ଏକାଧିକବାର ସେଇ ଏକା ଭୁଲ କରିଛନ୍ତି ତମ ପିତା। କିନ୍ତୁ କେବେହେଲେ ବାରବାଟୀ ଦୁର୍ଗ ଅକ୍ତିଆର କରିବା ପାଇଁ ସମର୍ଥ ହୋଇନାହାନ୍ତି। କେବେହେଲେ ପୁରୀ ସହରର ଚୌହଦୀ ମାଡି ପାରିନାହାନ୍ତି।

ପଦ୍ମାବତୀ - କିନ୍ତୁ ଏଇ ବାହମନୀ ପଠାଣ! ମୋର ସବୁ ଅଳଙ୍କାର ନେଇଗଲା ଆର୍ଯ୍ୟ। ପିତା ଆଗରେ ଯାଇ କୈଫିୟତ ଦେବାକୁ ପଡିବ। କି କୈଫିୟତ୍ ଦେବି। ସେମାନେ ମତେ ଏକେଲା ଆସିବାକୁ ମନା କରୁଥିଲେ। (ପୁରୁଷୋତ୍ତମ ନିଜ ଗଳାକୁ ଚାହିଁଲେ। ଗୋଟିଏ ମାଣିକ୍ୟର ହାର ଲମ୍ବିଛି।

ପୁରୁଷୋତ୍ତମ - ଠିକ୍ ଅଛି, ମୋ ପାଖରେ ଏଇ ମାଣିକ୍ୟର ହାରଟା ଅଛି, ଏଇଟାକୁ ନେଇଯାଅ।

ପଦ୍ମାବତୀ - ଆରେ-ଆରେ ! ଏ କ'ଣ କହୁଛନ୍ତି ଆପଣ... ?

(ପୁରୁଷୋତ୍ତମ ଜବରଦସ୍ତ ପଦ୍ମାବତୀ ବେକରେ ମାଣିକ୍ୟର ଲାଲ ହାରଟା ପିନ୍ଧାଇ ଦେଲେ। ପଦ୍ମାବତୀ ପୁରୁଷୋତ୍ତମଙ୍କ ହାତକୁ ଧରି ପକାଇଲେ) ଆରେ ! ଇଏ କ'ଣ କଲେ ଆର୍ଯ୍ୟ ? ମୋ ବେକରେ ବରଣମାଳା ପିନ୍ଧେଇ ଦେଲେ ? ତା'ମାନେ ଏଇ ମୁହୂର୍ତ୍ତରୁ ମୁଁ ଆପଣଙ୍କର ପତ୍ନୀ ହେଇଗଲି ଆର୍ଯ୍ୟ। ଇଏ କ'ଣ କଲେ ?

ପୁରୁଷୋତ୍ତମ - ଏୟା ହିଁ ହବାର ଥିଲା ଦେବୀ ! ଆପଣ ମତେ ସ୍ୱୀକାର କଲେ ମୁଁ ଧନ୍ୟ ହେବି।

ପଦ୍ମାବତୀ - ମତେ ଏ ଜଙ୍ଗଲରେ ଛାଡିଦେଇ ଚାଲିଯିବ ନାହିଁ ତ ?

ପୁରୁଷୋତ୍ତମ - ଆସ ତା'ହେଲେ। ଏ ଜଙ୍ଗଲ ଭିତରେ ଗୋଟେ ପୁରୁଣା ଭଙ୍ଗା ଗଣନାଥ ମନ୍ଦିର ଅଛି। ସେଇଠି ଯାଇ ଭଲଭାବେ ମାଳା ବଦଳ କରିବା। ମୁଁ ସବୁଦିନ ପାଇଁ ତମର ହେଇଯିବି ଆଉ ତମେ...

(ଆବହ ସଂଗୀତରେ ଶାହନାଇ। ଉଭୟେ ନୃତ୍ୟ ମୁଦ୍ରାରେ ଠିଆ ହେବେ। ଶାହାନାଇ ବନ୍ଦ ହେଲା ଓ ଝିଅ କଣ୍ଠରେ କଳାବତୀ ରାଗର ବାଣୀରେ ଆଳାପ ଶୁଭିଲା। ଦୁଇ/ ତିନି ଆବର୍ତ୍ତ ପରେ ତାଳ ନିଆଯାଇପାରେ। ତା'ରି ଭିତରେ ପଦ୍ମାବତୀ ଓ ପୁରୁଷୋତ୍ତମ ଜଙ୍ଗଲର ମନ୍ଦିର ପାଖରେ ପହଁଞ୍ଚିବେ ଓ ମାଳା ବଦଳେଇବେ। ମଞ୍ଚରେ ବିଜୁଳି ଚମକିଲା। ଆକାଶରେ ମେଘ। ନାରୀ କଣ୍ଠରେ ମେଘ ମହ୍ଲାରର ଆଳାପ। ବର୍ଷାରେ ଭିଜୁଛନ୍ତି ପୁରୁଷୋତ୍ତମ ଓ ପଦ୍ମାବତୀ) (ଅନ୍ଧାର)

(ମଞ୍ଚ ଅନ୍ଧାର)

ଚତୁର୍ଥ ଦୃଶ୍ୟ

ସାଲ୍ୱା ନରସିଂହାଙ୍କ ଦରବାର। ଚିନ୍ତିତ ଅବସ୍ଥାରେ କଥାବାର୍ତ୍ତା ହେଇ ଆସିଲେ ରାଜା ଓ ମନ୍ତ୍ରୀ ନାରସା ନାୟକା।

ନରସିଂହା - ସନ୍ଧ୍ୟା ହେଇଗଲା ମନ୍ତ୍ରୀବର। ଝଡ ଓ ବର୍ଷା ହେଲାଣି। ଜଙ୍ଗଲ ରାସ୍ତା, କେମିତି କ'ଣ କରିବ ଝିଅଟା ?

ନାରସା - ସେନାପତିଙ୍କୁ କହିଥିଲି ଛାମୁଁ। ଚାରି ପାଞ୍ଚଜଣ ସାଙ୍ଗରେ ଯାଇଥାନ୍ତେ। ଜେମାମଣି ମନା କରିଦେଲେ।

ନରସିଂହା - ବ୍ୟତିବ୍ୟସ୍ତ ଲାଗୁଚି ମନ୍ତ୍ରୀ। କୋଉଠିକି ଯାଇଥିବ ସିଏ ? ସେ ଭଙ୍ଗା ଗଣେଶ ମନ୍ଦିରରେ ଭୋଗ ଲଗେଇ ଫେରିବା କଥା। ଚାଲ ଆମେ ନିଜେ ଯାଇ ଦେଖି ଆସିବା।

ନାରସା - ସେନାପତିଙ୍କୁ ଡକେଇବି ଛାମୁଁ ?

ନରସିଂହା - ନାଇଁ, ସିଏ ଯିବା ଦରକାର ନାହିଁ। ଆଠ / ଦଶଜଣ ସୈନିକ ଚାଲନ୍ତୁ। ସେମାନେ ମଶାଲ ଧରି ସାଙ୍ଗରେ ଯିବେ।

ନାରସା - ଠିକ୍ ଅଛି ମଣିମା। ବାହାମନିରେ ଅକାଳ ପଡିଚି। ପଠାଣମାନେ ଆମ ରାଜ୍ୟରେ ପଶି ଲୁଟ୍‌ତରାଜ କରୁଛନ୍ତି। ସେନାପତି ଥାଆନ୍ତୁ, ଆମେ ନିଜେ ଯାଇ ଦେଖିବା କ'ଣ ହେଇଚି। (ଅନ୍ଧାରରେ ଘୋଡା ଟାପୁର ଶବ୍ଦ ଶୁଭିଲା : ଅନ୍ଧାର)

(ମଞ୍ଚ ଅନ୍ଧାର)

ପଞ୍ଚମ ଦୃଶ୍ୟ

ଜଙ୍ଗଲ, ପଦ୍ମା ଓ ମଞ୍ଚ ଅନ୍ଧାର। ଅନ୍ଧାରରେ ଘୋଡା ଟାପୁର ଶବ୍ଦ- ୧ -/ ୨ ୧ -/ ୨ ତାଳରେ ଶୁଭୁଛି। ଆଲୁଅ ଆସିଲା ବେଳକୁ ପୁରୁଷୋତ୍ତମ ଓ ପଦ୍ମାବତୀ ନୃତ୍ୟ ମୁଦ୍ରାରେ। ୨/୪ ଆବର୍ତ୍ତ ପରେ ଗୀତ:

ପଦ୍ମାବତୀ — ତମର ଏ ଚଲାପଥେ ବୁଣି ଦେଉଛି ମୁଁ ଆଜି
ପ୍ରୀତି ଆଉ ଫୁଲର ଭାଷା
ଏଇତକ ନେଇ ତମେ ମନେ ପକାଇବ ମତେ
ଏତିକି ମୁଁ କରୁଛି ଆଶା ।।୦।।
ଏ ମୋର ଜୀବନେ, ହେ ମୋର ବନ୍ଧୁ
ଯାହା ଅଛି ତମରି ତ ଦାନ
ହୁଏତ କେବେ ଅବା ନ ପାଇବା ବେଦନାରେ
କରିଛି ମୁଁ ଅଭିମାନ
ସବୁଥିଲା ଜୀବନକୁ ଦେଇଦେଲ ତମେ ଟିକେ ପ୍ରାଣର ଭାଷା ।୧।
ହୁଏତ କୋଉଦିନ ଭୁଲିଯିବ ମତେ
ମୁଁ କି ଗୋ ପାରିବି ଭୁଲି
ସେଇଥି ପାଇଁ ତ ଆଜି ଆସିଚି ମୁଁ ଚୁପଚାପ
ତମ ପାଶୁ ଯିବି ଗୋ ଚାଲି
ସବୁଥିବ ଜୀବନରେ ତମେ ଖାଲି ଦବ ଟିକେ ପ୍ରାଣର ଭାଷା ।।୨।
(ଗୀତର ମଞ୍ଚାୟନ ପରେ ମଞ୍ଚ ଅନ୍ଧାର)

(ମଞ୍ଚ ଅନ୍ଧାର)

ଷଷ୍ଠ ଦୃଶ୍ୟ

ଆଲୋକ ଆସିବା ପରେ ପ୍ରଚ୍ଛଦ ପଟୁ ଭାଟ ଘୋଷଣା କଲା: ବୀର ଶ୍ରୀ ବୀରବର ଗଜପତି ଗୌଡେଶ୍ୱର ନବକୋଟି କର୍ଣ୍ଣାଟୋତ୍‌କଳ କଳବର୍ଗାଧିଶ୍ୱର ଶ୍ରୀ ଶ୍ରୀ ଶ୍ରୀ କଳିଙ୍ଗ ଗଜପତି ହମ୍ବୀର ଦେବଙ୍କର ଜୟ ହେଉ।

ହମ୍ବୀର - (କ୍ଷିପ୍ର ପଦକ୍ଷେପରେ ପ୍ରବେଶ କରି) ହଁ ମୁଁ ଗଜପତି ହମ୍ବୀର ଦେବ ମହାପାତ୍ର। ନିଜ ବାହୁ ବଳରେ ଦାକ୍ଷିଣାତ୍ୟ ପର୍ଯ୍ୟନ୍ତ ବିସ୍ତୀର୍ଣ୍ଣ କରିଛି କଳିଙ୍ଗର ସୀମା। ନିଜ ବାହୁ ବଳରେ ସେ ଦୁରାଚାରୀ ପୁରୁଷୋତ୍ତମକୁ ନିର୍ବାସିତ କରି ମୁଁ ସୂର୍ଯ୍ୟବଂଶର ତୃତୀୟ ଗଜପତି ରୂପେ ସିଂହାସନ ଆରୋହଣ କରିଛି। ମହାମନ୍ତ୍ରୀ କାହାନ୍ତି ? ମହାମନ୍ତ୍ରୀ କାହାନ୍ତି ?ସବୁବେଳେ, ପ୍ରତ୍ୟେକ ମୁହୂର୍ତ୍ତରେ ଗଜପତି ସମ୍ରାଟଙ୍କ ପାଖେ ପାଖେ ରହିବା ପାଇଁ ତାଙ୍କୁ ନିର୍ଦ୍ଦେଶ ଦେଇଥିଲି। କାହାନ୍ତି ମନ୍ତ୍ରୀ ? (ହଠାତ୍ ମଞ୍ଚରୁ ସବୁ ଆଲୁଅ ଲିଭିଗଲା) ଯେ କ'ଣ ? ହଠାତ୍ ମୋ ରାଜପ୍ରାସାଦ ଅନ୍ଧକାର ହେଲା କାହିଁକି ? (ବର୍ତ୍ତମାନ ଷ୍ଟ୍ରୋବ୍ ଆଲୁଅରେ ଦେଖାଯିବ ହମ୍ବୀର ଦେବ ବାଟ ଅଣ୍ଡାଳି ଚାଲୁଛନ୍ତି। ଆବହ ସଂଗୀତରେ ଆସନ୍ନ ବିପଦର ସୂଚନା। ହଠାତ୍ ଅନ୍ଧାର ଭିତରେ ପ୍ରଚଣ୍ଡ ସ୍ୱଟ ଆଲୁଅ ଭିତରେ ଦକ୍ଷିଣକାଳିକା ରୂପରେ ପ୍ରକଟ ହେଲେ ପ୍ରଭୁ ଜଗନ୍ନାଥ। ଜଗନ୍ନାଥ ମୁଖା ଓ ଲମ୍ବା ଜିଭ ଦେଖାଇ। ଚମକିଗଲେ ହମ୍ବୀର। ଚିତ୍କାର କଲେ।)

ସେନାପତି ! ସେନାପତି ! ତମେ କୋଉଠି ? ଶୀଘ୍ର ଦୁଇଜଣ ଦେହରକ୍ଷୀଙ୍କୁ ପଠାଅ।

ଅମାତ୍ୟ - ସେନାପତି ଆପଣଙ୍କ ଶାସନ କାଳରେ ସନ୍ତୁଷ୍ଟ ନୁହନ୍ତି ଛାମୁଁ।

ହମ୍ବୀର - ମୁଁ ସେନାପତିଙ୍କୁ ଅସନ୍ତୁଷ୍ଟ କଲା ପରି ତ କିଛି କରିନି ଅମାତ୍ୟ ?

ଅମାତ୍ୟ - ପ୍ରଜାମାନେ ବି ଆପଣଙ୍କ ଉପରେ ଅସନ୍ତୁଷ୍ଟ ମଣିମା । ଗତ ଚାରିବର୍ଷର ଶାସନକାଳ ଭିତରେ ଛାମୁଁ ଥରିଥର ମଧ୍ୟ ପ୍ରଭୁ ଜଗନ୍ନାଥଙ୍କ ଦର୍ଶନ କରିବାକୁ ଯାଇନାହାନ୍ତି । ଆପଣ ପ୍ରଭୁଙ୍କର ଅବଜ୍ଞା କରିଛନ୍ତି । ଏକଥା ପ୍ରଜାମାନେ ଜାଣନ୍ତି ।

ହମ୍ବୀର - କଳିଙ୍ଗ ଗଜପତିଙ୍କ ଦାୟିତ୍ୱ ଜଗନ୍ନାଥ ଦର୍ଶନ କଲେ ସରିଯାଏ ନାହିଁ ଅମାତ୍ୟ । ବାହାର ଶତ୍ରୁ ଆକ୍ରମଣରୁ ଦେଶକୁ ରକ୍ଷା କରିବା ରାଜାର ପ୍ରଥମ କର୍ତ୍ତବ୍ୟ । ମୁଁ କଳିଙ୍ଗର ସୀମାକୁ ପ୍ରହରୀ ପରି ଜଗିଛି ।

ମନ୍ତ୍ରୀ - ସେଇଟା ସେନାପତି ମଧ୍ୟ କରିଦେଇ ପାରିବେ ଛାମୁଁ । ଆପଣ କ'ଣ ଜାଣନ୍ତି ନାହିଁ, ଆପଣଙ୍କର ପ୍ରଧାନ କର୍ତ୍ତବ୍ୟ ହେଲା- ପାଞ୍ଚୋଟି ଯଜ୍ଞ କରିବେ । ଦେବ ଯଜ୍ଞ, ବ୍ରହ୍ମ ଯଜ୍ଞ, ପିତୃ ଯଜ୍ଞ, ଭୂତ ଯଜ୍ଞ ଓ ନର ଯଜ୍ଞ । ଏଇଟା ହିଁ ରାଜାର କର୍ତ୍ତବ୍ୟ ।

ହମ୍ବୀର - ମୁଁ ପୁରୁଷୋତ୍ତମ ପରି ତାନ୍ତ୍ରିକ କି ଶଠ ଭକ୍ତ ନୁହେଁ ଅମାତ୍ୟ । ହମ୍ବୀର ମହାପାତ୍ର । ମୁଁ ବୀର । ଯୁଦ୍ଧ କ୍ଷେତ୍ରରେ ମୋର ପ୍ରକୃତ ପରିଚୟ ମିଳିବ । ଦେଉଳ ଭିତରେ ନୁହେଁ ।

ଅମାତ୍ୟ - କିନ୍ତୁ ପ୍ରଜାମାନେ ପୁରୁଷୋତ୍ତମଙ୍କୁ ହିଁ ଝୁରୁଛନ୍ତି ଛାମୁଁ ।

ହମ୍ବୀର - କାହିଁକି ? କିଏ ଏମିତି ସେ ଅପଗଣ୍ଡ ? ସେ ପ୍ରଜାଙ୍କର କ'ଣ ଉପକାର କରିଛି ?

ଅମାତ୍ୟ - ପ୍ରଭୁ ଶ୍ରୀ ପୁରୁଷୋତ୍ତମ ଜଗନ୍ନାଥଙ୍କର ସିଏ ପରମ ଭକ୍ତ ଛାମୁଁ । ଆପଣ ତାଙ୍କୁ ଅରଣ୍ୟକୁ ପଠେଇ ଭୁଲ କରିଛନ୍ତି । ସେନାପତି ଗୋପନରେ ଯାଇ ବିଜୟ ନଗର ଜଙ୍ଗଲରେ ତାଙ୍କୁ ସାକ୍ଷାତ କରୁଛନ୍ତି । ଏହା ଭବିଷ୍ୟତରେ ଆପଣଙ୍କ ପାଇଁ ଘାତକ ହୋଇପାରେ ।

ହମ୍ବୀର - ଘାତକ ହେଇପାରେ ନୁହେଁ ଅମାତ୍ୟ । ଘାତକ ହେଇଗଲାଣି । ଏଇ ଟିକିଏ ଆଗରୁ ଉଆସରୁ ସବୁ ଆଲୁଅ ଲିଭିଗଲା, ଆଉ

ହାତେ ଲମ୍ବର ଜିଭ ବାହାର କରି ଭୟଙ୍କର କାଳୀ ମୂର୍ତ୍ତି ଠିଆ ହେଇଗଲା ମୋ ଆଗରେ।

ଅମାତ୍ୟ - ଘୋର ବିପଦ ଛାମୁ। କଳିଙ୍ଗର ଇଷ୍ଟଦେବ ଜଗନ୍ନାଥଙ୍କୁ ଆପଣ ଦିନେ ହେଲେ ବି ପୂଜା କଲେନାହିଁ। ନା ମନ୍ଦିରକୁ ଗଲେ -ନା ଭୋଗ ଚଢେଇଲେ। ସେଇଥି ପାଇଁ ଛାମୁଁ ଏ ଅଘଟଣ ଘଟିଲା।

ହମ୍ବୀର - ଓଃ ! କି ଭୟଙ୍କର ମୂର୍ତ୍ତୀ !

ଅମାତ୍ୟ - ଖାଲି ସେତିକି ନୁହେଁ ଛାମୁ। ସେନାପତି ଗୋପନରେ ଯାଇ ବିଜୟ ନଗର ଜଙ୍ଗଲରେ ଆପଣଙ୍କ ସାନଭାଇ ପୁରୁଷୋତ୍ତମଙ୍କୁ ସାକ୍ଷାତ କରୁଛନ୍ତି।

ହମ୍ବୀର - କାହିଁକି ? କଣ ତାଙ୍କର ଉଦ୍ଦେଶ୍ୟ ?

ଅମାତ୍ୟ - ଏହା ଏକ ଗୃହଯୁଦ୍ଧର ସୂଚନା ମହାରାଜ !

ହମ୍ବୀର - ଏ ସମ୍ବାଦ ମୋ ପାଖରେ ନଥିଲା ଅମାତ୍ୟ। ଯଦି ଏହା ସତ୍ୟ - ଏହା ଏକ ଗୃହ ଯୁଦ୍ଧରେ ପରିଣତ ହେଇଯାଇ ପାରେ।

ଅମାତ୍ୟ - ଯଦି ଗୃହ ଯୁଦ୍ଧ ହୁଏ ଏବଂ କଳିଙ୍ଗ ସୈନ୍ୟ ଆପଣଙ୍କ ବିପକ୍ଷରେ ଯାଆନ୍ତି, ସିଂହାସନ ଟଳମଳ ହେଇଯିବ ଛାମୁଁ। ଦାକ୍ଷିଣାତ୍ୟ ଆଉ ବାହାମନୀ ରାଜ୍ୟରେ ଦୁର୍ଭିକ୍ଷ ପଡିଛି। ସେମାନେ ଆପଣଙ୍କ ପାଇଁ ସୈନ୍ୟ ସରଞ୍ଜାମ ପଠେଇ ପାରିବେ ନାହିଁ। ବର୍ତ୍ତମାନ ଆପଣ ସମ୍ପୂର୍ଣ୍ଣ ଏକା ହୋଇ ପଡିଛନ୍ତି।

ହମ୍ବୀର - ତା'ହେଲେ ମୁଁ କ'ଣ ପୁରୁଷୋତ୍ତମ ସାଙ୍ଗରେ ଚୁକ୍ତି କରିବି ?

ଅମାତ୍ୟ - କି ଚୁକ୍ତି କରିବେ ଛାମୁଁ ?

ହମ୍ବୀର - କଳିଙ୍ଗ ରାଜସିଂହାସନ ମୋର ଦରକାର ନାହିଁ ଅମାତ୍ୟ।

ପୁରୁଷୋତ୍ତମ ଏଇଠି ଶାସନ କରୁ। ମୁଁ ମୋର ଦାକ୍ଷିଣାତ୍ୟର ରାଜ୍ୟପାଳ ହେଇ ଶାସନ କରି ଚଳିଯିବି। ଏ ସାମ୍ରାଜ୍ୟକୁ ମୁଁ ନିରଙ୍କୁଶ କରିବି, ଲୋକମାନଙ୍କୁ ସୁରକ୍ଷା ଦେବି ଏବଂ ଶତ୍ରୁମାନଙ୍କୁ ଧ୍ୱଂସ କରିବି।

ଅମାତ୍ୟ - ଖୁବ୍ ଭଲ ହେବ ଛାମୁଁ। ମହାରାଜ ପୁରୁଷୋତ୍ତମଙ୍କୁ ପ୍ରଜାମାନେ ପ୍ରାଣ ଭରି ଭଲ ପାଉଥିଲେ। ତାଙ୍କୁ ନିର୍ବାସନ ଦଣ୍ଡ ଦେଲା ପରେ ଅବସ୍ଥା ବିଗିଡି ଯାଇଛି। ଆପଣ ତାଙ୍କ ପାଖକୁ ଯିବା ଅନାବଶ୍ୟକ ଛାମୁଁ। ମୁଁ ସେନାପତିଙ୍କୁ ନେଇ ତାଙ୍କ ଠିକଣା ଯାଗାରେ ପହଁଚି ଯିବି। ଆପଣଙ୍କ ତରଫରୁ ମୁଁ ଆପଣଙ୍କ ସନ୍ଦେଶ ପହଞ୍ଚାଇ ଦେବି ଛାମୁଁ। ତା'ପରେ ଆପଣଙ୍କୁ ଦେଖା କରିବି ଆଉ ସିଏ କ'ଣ କହିଲେ ଜଣାଇବି।

ହମ୍ବୀର - ମୁଁ ସେନାପତିଙ୍କୁ ପଠେଇବି ସାଙ୍ଗରେ ?

ଅମାତ୍ୟ - ସେନାପତି ଆପଣଙ୍କ ଆୟତ୍ତରେ ନାହାନ୍ତି ଛାମୁଁ। ମୁଁ ଦେଖୁଚି, ଯଦି ଅନୁମତି ଦେବେ ମୁଁ ତାଙ୍କ ସହ କିଛି ସୈନ୍ୟ ସାମନ୍ତ ମଧ୍ୟ ନେଇକି ବିଜୟ ନଗର ଅରଣ୍ୟକୁ ଯାଉଛି। ସେନାପତି ଛାମୁ ମହାରାଜ ପୁରୁଷୋତ୍ତମଙ୍କ ଠିକଣା ଜାଣିଛନ୍ତି।

ହମ୍ବୀର - ଯାଅ, ସମସ୍ୟାର ସମାଧାନ କରି ଆସ। (ପୁଣି ଚିନ୍ତା କରି) ନାଇଁ, ମୁଁ ଯିବି ତମ ସାଙ୍ଗରେ। ସମସ୍ୟା ଗମ୍ଭୀର। ଚାଲ।

(ମଞ୍ଚ ଅନ୍ଧାର)

ସପ୍ତମ ଦୃଶ୍ୟ

ବିଜୟ ନଗର ଜଙ୍ଗଲ। ପଦ୍ମାବତୀଙ୍କ ଗୀତ ଶେଷ ହୋଇ ଘୋଷାକୁ ଫେରିଲା ବେଳକୁ ପଦ୍ମାବତୀ ଓ ପୁରୁଷୋତ୍ତମ ଆଲିଙ୍ଗନବଦ୍ଧ ହେଇ ଠିଆ ହୋଇଥିଲାବେଳେ ସାଲ୍ୱା ନରସିଂହାଙ୍କ ଡାକ ଶୁଭିଲା।

ନରସିଂହା - ପଦ୍ମାବତୀ.... ପଦ୍ମାବତୀ।

ମନ୍ତ୍ରୀ ନାରସା - ଜେମାମଣି.... ଜେମାମଣି ତମେ କେଉଁଠି ?

(ହଠାତ୍ ସେମାନେ ଘୋଡାରେ ପ୍ରବେଶ କଲେ। ସାଲ୍ୱା ନରସିଂହା, ନାରସା ନାୟକ ଓ ଦୁଇଜଣ ସୈନ୍ୟ। ଜେମା ଓ ଜଣେ ଅପରିଚିତ ପୁରୁଷଙ୍କୁ ଆଲିଙ୍ଗନବଦ୍ଧ ଅବସ୍ଥାରେ ଦେଖି ସେମାନେ ଅବାକ୍ ହେଇଗଲେ। କ୍ରୁଦ୍ଧ ହେଲେ ନରସିଂହା)

ନରସିଂହା - କିଏ ଏଇ ଯୁବକ ? ବନ୍ଦୀ କର ତାକୁ।

(ସୈନ୍ୟମାନେ ପୁରୁଷୋତ୍ତମଙ୍କୁ ବନ୍ଦୀ କରିବାକୁ ଗଲେ। ପାରିଲେ ନାହିଁ। ପୁରୁଷୋତ୍ତମ ସେମାନଙ୍କୁ ପରାସ୍ତ କଲେ)

କିଏ ତୁମେ ଯୁବକ ? ସାଲ୍ୱା ନରସିଂହାର କନ୍ୟାଙ୍କୁ ଆଲିଙ୍ଗନ କରି ଦିନସାରା ଅଟକେଇବା ପାଇଁ ତମେ ସାହସ କଲ କେମିତି ? ତମର ପରିଚୟ ?

ପୁରୁଷୋତ୍ତମ - ପରିଚୟ ? ସାଲ୍ୱ ନରସିଂହ କ'ଣ ବୀରମାନଙ୍କୁ ଚିହ୍ନିବାର ବାଟ ପାଇ ନାହାନ୍ତି ଏ ପର୍ଯ୍ୟନ୍ତ ?

ନାରସା - ଯେତେଦୂର ସମ୍ଭବ ଛାମୁଁ -ଏଇ ଯୁବା ଓଡ଼ିଆ। ୟା'ର ଚେହେରାରୁ ଜଣାପଡୁଛି ଇଏ ଆମ ବିଜୟ ନଗରର ଯୁବକ ନୁହେଁ।

ପଦ୍ମାବତୀ - ବିଜୟ ନଗରର ନୁହନ୍ତି, କିନ୍ତୁ ମୋ ପାଇଁ ସିଏ ଦେବଦୂତ ମନ୍ତ୍ରୀ।

ନରସିଂହା - ଇଏ ତୋ ପାଇଁ ଦେବଦୂତ ? କ'ଣ ତୁ କହୁଚୁ ପଦ୍ମା ?

ପଦ୍ମାବତୀ	-	ଠିକ୍ କହୁଚି ପିତାଶ୍ରୀ। ଇଏ ନଥିଲେ ବାହାମନୀ ପଠାଣ ମତେ ହରଣଚାଳ କରି ତାଙ୍କ ଦେଶକୁ ନେଇଯାଇଥାନ୍ତା।
ନାରସା	-	କ'ଣ ହେଇଟି ମା' ?
ପଦ୍ମାବତୀ	-	ଗଣେଶ ମନ୍ଦିରରେ ପୂଜା ସାରି ମୁଁ ଫେରୁଥିଲି। ବାଟରେ ବାହାମନା ପଠାଇ ମୋ ଉପରେ ଆକ୍ରମଣ କଲା। ମୁଁ ତା'ସହିତ ଯୁଦ୍ଧ କଲି, କିନ୍ତୁ ମୋର ସବୁ ଗହଣା ନେଇଗଲା ପଠାଣ। ଅଗତ୍ୟା ମୁଁ ଚିତ୍କାର କଲି ଆଉ ମୋ ଡାକ ଶୁଣି ଏ ଯୁବକ ଜଣକ ଆସି ବାହାମନୀ ପଟାଣକୁ ପରାସ୍ତ କରି, ମୋର ପ୍ରାଣ ବଞ୍ଚାଇଛନ୍ତି। ତା'ପରେ ଆମେ ଏଇ ଜଙ୍ଗଲରେ ମାଳା ବଦଳ କରି ଦେଇଚୁ ପିତାଶ୍ରୀ। ଆମେ ବର୍ତ୍ତମାନ ପତି ପତ୍ନୀ।
ନରସିଂହା	-	ତା'ପୂର୍ବରୁ ତୋର ଭାବିବାର ଥିଲା -ତୁ ହଉଚୁ ବିଜୟ ନଗର ସମ୍ରାଟର ଏକମାତ୍ର କନ୍ୟା। ବିଜୟ ନଗର ସାମ୍ରାଜ୍ୟର ପ୍ରତିପତ୍ତି ଓ ସମ୍ମାନ ତୋର କାର୍ଯ୍ୟକଳାପ ଉପରେ ନିର୍ଭର କରୁଛି ପଦ୍ମା। ଏ ଯୁବକ କିଏ-କୋଉଠୁ ଆସିଛି- ତା'ର ବଂଶ ପରିଚୟ ନଜାଣି, ତା'ସାଙ୍ଗରେ ଫୁଲ ବିବାହ କରିବାଟା କ'ଣ ତୋର ଉଚିତ ଥିଲା ? ବିଜୟ ନଗରର ସମ୍ମାନ ପାଇଁ ମୁଁ ତାକୁ ବନ୍ଦୀ କରିବା ପାଇଁ ଆଦେଶ ଦେଲି। ମହାମନ୍ତ୍ରୀ ! କୁଆଡେ ଗଲେ ସେନାପତି ? (କାଞ୍ଚି ସେନାପତି ପ୍ରବେଶ କଲେ)
ସେନାପତି	-	ଆଜ୍ଞା ମଣିମା।
ନରସିଂହା	-	ଜେମା କ'ଣ ଖାଇଛି ନ ଖାଇଚି ଜଣାନାହିଁ। ତାକୁ ସେ ଭଙ୍ଗା ମନ୍ଦିର ପାଖକୁ ନେଇ କିଛି ଫଳମୂଳ ଖୁଆଇବା ବ୍ୟବସ୍ଥା କର)
ସେନାପତି	-	ଆସିବା ହେଉ ଜେମାମଣି ! (ପଦ୍ମବତୀଙ୍କୁ ନେଇ ଚାଲିଗଲେ ସେନାପତି)

ନରସିଂହା - ତମେ କିଏ ଯୁବା ଓଡ଼ିଡ଼ି ? ଯୋଉ ଝିଅଟାକୁ ତମେ ଅଭଦ୍ର ଭଳି କୁଣ୍ଢେଇ ଧରିଥିଲ, ସେଇଟା କିଏ ଏବେ ବୁଝିପାରିଲ ? ବିଜୟ ନଗର ଅଧିପତି ସାଲ୍ୱା ନରସିଂହା ଦେବଙ୍କର କନ୍ୟା ପଦ୍ମାବତୀ।

ପୁରୁଷୋତ୍ତମ - ଜାଣିଚି।

ନରସିଂହା - ଜାଣିଚ ଯଦି ତାକୁ ଆଲିଙ୍ଗନ କରୁଥିଲ କାହିଁକି ? ତାଙ୍କୁ ଛୁଇଁବା ପାଇଁ ତମର ସାହସ ହେଲା କିପରି ? ଅସୂର୍ଯ୍ୟଂପଶ୍ୟା ସିଏ ରାଜପ୍ରାସାଦରୁ କେବେ ସିଏ କୋଉ ପୁରୁଷକୁ ଦେଖିନାହିଁ। ତମର ସ୍ପର୍ଶରେ ତା'ର ସତୀତ୍ୱ ନଷ୍ଟ ହେଇଚି କି ନାଇଁ ମୁଁ ଜାଣେନା। କିନ୍ତୁ ତମେ ଯୋଉ ଅପରାଧ କରିଚ,ତା'ର ଶାସ୍ତି ନିଶ୍ଚୟ ପାଇବ ଯୁବକ। (ଫେରି ଆସିଲେ ସେନାପତି) ସେନାପତି। ଏ ଓଡ଼ିଡ଼ି ଯୁବାକୁ ବନ୍ଦୀ କର। (ସେନାପତି ପୁରୁଷୋତ୍ତମଙ୍କୁ ବନ୍ଦୀ କରିବାକୁ ଯାଇଛନ୍ତି। ପୁରୁଷୋତ୍ତମ ତାଙ୍କୁ ଫୋପାଡି ଦେଇଛନ୍ତି। ବର୍ତ୍ତମାନ ସୈନ୍ୟମାନେ ଆସି ପୁରୁଷୋତ୍ତମଙ୍କ ପାଖରୁ ସେନାପତିଙ୍କୁ ମୁକ୍ତ କରିବାକୁ ଚାହିଁବେ, ପୁରୁଷୋତ୍ତମ ସାଲ୍ୱା ନରସିଂହଙ୍କ ସୈନ୍ୟମାନଙ୍କୁ ଧରାଶାୟୀ କରିଛନ୍ତି)

ସେନାପତି - ସମ୍ଭବ ନୁହେଁ ମଣିମା। ଚାରି ପାଞ୍ଚଜଣ ସିପାହୀ ଆଉ ଦୁଇଜଣ ବୃଦ୍ଧଙ୍କୁ ଧରି ଏ ଯୁବକ ସାଙ୍ଗରେ ଲଢେଇ କରିବାର ପରିଣାମ ଭୟଙ୍କର ହୋଇପାରେ।

ନରସିଂହା - ବନ୍ଦୀ କର ତାଙ୍କୁ। ଏଇଟା ମୋର ଆଦେଶ।

ସେନାପତି - ମଣିମା ! ଆଦେଶ ପ୍ରତ୍ୟାହାର କରନ୍ତୁ। ପୁଣିଥରେ ଯୁଦ୍ଧ କରି, ପୁଣିଥରେ ମାଟି ଚାଟିବାକୁ କ'ଣ ଭଲ ଲାଗିବ ଆମ ସୈନ୍ୟମାନଙ୍କୁ ? ନିଶ୍ଚୟ ପରାସ୍ତ ହେବେ।

ନରସିଂହା - ସେନାପତି, ତମେ ମୋର ବିଜୟ ନଗର ସୈନ୍ୟମାନଙ୍କର

ମନୋବଳ ଭାଙ୍ଗୁଚ। ମୁଁ କହୁଛି ବନ୍ଦୀ କର। (ଦୂରରୁ ମାଡି ଆସିଲେ କଳିଙ୍ଗର ସୈନ୍ୟ। ମଞ୍ଚ ଉପରକୁ ପ୍ରବେଶ କଲେ କଳିଙ୍ଗର ସେନାପତି। ପଛରେ ୫/୬ ସୈନ୍ୟ)

କ.ସେନାପତି - ଆଦେଶ ପ୍ରତ୍ୟାହାର କରନ୍ତୁ ମହାରାଜ! ଆପଣ ତାଙ୍କୁ ବନ୍ଦୀ କରିପାରିବେ ନାହିଁ।

ନରସିଂହା - ଆପଣ ?

କ. ସେନାପତି - ମୁଁ କଳିଙ୍ଗର ସେନାପତି ବିଜୟ ଚନ୍ଦ୍ରାକ୍ଷ । ଯଦି ମୋର ଚକ୍ଷୁ ଭ୍ରମ ହୋଇନଥାଏ, ଆପଣ ନିଶ୍ଚୟ ମହାରାଜ ସାଳ୍ୱା ନରସିଂହ ଦେବ -ଅର୍ଥାତ୍ କାଞ୍ଚିର ସମ୍ରାଟ ?

ନରସିଂହା - ତମେ ଠିକ୍ ଚିହ୍ନିଛ ସେନାପତି। କିନ୍ତୁ ଏ ଅନାମଧେୟ ଯୁବ ଓଡ୍‌ଡି ମୋ କନ୍ୟା ପଦ୍ମାବତୀଙ୍କୁ ଜବରଦସ୍ତ କୁଣ୍ଢେଇ ଧରିଥିଲା। ମୋ ରାଜକୁଳର ମର୍ଯ୍ୟାଦାକୁ ଉଲ୍ଲଙ୍ଘନ କରିଛି ଏ ଅନାମଧେୟ ଓଡ୍‌ଡି। ବାଧ୍ୟ ହେଇ ମୁଁ ୟାକୁ ବନ୍ଦୀ କରିଚି। ୟା'ର କୁଳ, ଗୋତ୍ର, ପରିଚୟ ନ ଜାଣିବା ଯାଏଁ କାଞ୍ଚି କାରାଗାରରେ ଇଏ ବନ୍ଦୀ ହୋଇ ରହିବ।

କ. ସେନାପତି - ତା'ହେଲେ ଏଇଠି ଯୁଦ୍ଧ ହବ କାଞ୍ଚି ସାମ୍ରାଜ୍ୟର ସହ ଯୁଦ୍ଧ। ଆପଣ ଯାହାଙ୍କୁ ଅନାମଧେୟ ଓଡ୍‌ଡି ବୋଲି ତେଲଗୁରେ ତିରସ୍କାର କଲେ, ସିଏ ହେଉଛନ୍ତି ବୀର ଶ୍ରୀ ବୀରବର ବୀର ପ୍ରତାପ ଶ୍ରୀ ଶ୍ରୀ ଶ୍ରୀ ପୁରୁଷୋତ୍ତମ ଦେବ, କଳିଙ୍ଗର ଗଜପତି।

(ଆବହ ସଂଗୀତରେ ଭେରୀ ଶବ୍ଦ)

ନରସିଂହା - ଓହୋ ! କି ପରମ ସୌଭାଗ୍ୟ ମୋର। ଖାଲି ମୋର ନୁହେ, ମୋ କନ୍ୟା ପଦ୍ମାବତୀର ମଧ୍ୟ। କିନ୍ତୁ ତାଙ୍କର ଇଏ କି ବେଶ ? କଳିଙ୍ଗର ଗଜପତି କ'ଣ ଛଦ୍ମ ବେଶରେ ଥାଆନ୍ତି ?

କ.ସେନାପତି - ତାଙ୍କ ଜ୍ୟେଷ୍ଠ ଭ୍ରାତା ହମ୍ବୀର ଦେବ ମହାରାଜାଙ୍କୁ ସିଂହାସନରୁ ବିତାଡିତ କରି, ବିଜୟ ନଗର ଅରଣ୍ୟକୁ ନିର୍ବାସନରେ ପଠାଇଛନ୍ତି ।

ସାଲ୍ୱା ନରସିଂହା - ଠିକ୍, ଠିକ୍। ଏ ଖବର ମୁଁ ପାଇଛି ସେନାପତି। ବିଜୟ ନଗରର ମହାମନ୍ତ୍ରୀ ନାରସା ନାୟକ ମତେ ଏ ସମ୍ବାଦ ଦେଇଛନ୍ତି। କିନ୍ତୁ ସ୍ୱ-ଚକ୍ଷୁରେ ତାଙ୍କୁ ଦେଖିନଥିଲି।

କ.ସେନାପତି - କଳିଙ୍ଗର ବାରବାଟୀ ଦୁର୍ଗ ବର୍ତ୍ତମାନ ସଂକଟରେ ଅଛି ମହାରାଜ। ପ୍ରଜାମାନେ ହମ୍ବୀର ଦେବଙ୍କୁ ଗଜପତି ସମ୍ରାଟ ରୂପେ ସ୍ୱୀକାର କରୁନାହାନ୍ତି।

ସାଲ୍ୱା ନରସିଂହା - କିନ୍ତୁ ସିଏ ତ କପିଳେନ୍ଦ୍ର ଦେବଙ୍କ ଜ୍ୟେଷ୍ଠପୁତ୍ର।

କ.ସେନାପତି - କଳିଙ୍ଗର ପ୍ରଜା କିନ୍ତୁ ଚାରିବର୍ଷ ହେଲା ତାଙ୍କର ପ୍ରିୟ ଗଜପତି ବାରବାଟୀ ଦୁର୍ଗ ଆକ୍ରମଣ କରିବୁ। ମହାରାଜା ପୁରୁଷୋତ୍ତମଙ୍କୁ ସିଂହାସନରେ ଅବସ୍ଥାପିତ କରିବୁ। କଳିଙ୍ଗର ପ୍ରଜାମାନେ ଏୟା ଚାହାନ୍ତି।

ସାଲ୍ୱା ନରସିଂହା - ଯୁଦ୍ଧ କରିବ ? କିପରି ? ତମର ସୈନ୍ୟ କାହାନ୍ତି ? ଏଇ ପାଞ୍ଚଜଣଙ୍କୁ ନେଇ ହମ୍ବୀର ବିରୁଦ୍ଧରେ ଯୁଦ୍ଧ କରିବ ନା - ଆତ୍ମହତ୍ୟା କରିବ ? (ଆବହ ସଙ୍ଗୀତ)

ସାଲ୍ୱା ନରସିଂହା - ଶୁଣ, ମୁଁ ମୋର ବିଜୟ ନଗରର ସୈନ୍ୟମାନଙ୍କୁ ଦଉଚି। ଏକ ସହସ୍ର ଅଶ୍ୱାରୋହୀ ଆଉ ଏକଶହ ହସ୍ତୀ। ଦରକାର ପଡିଲେ ମୋ ସେନାପତି ମଧ୍ୟ ଯିବେ। ତା'ପରେ ବାରବାଟୀ ଆକ୍ରମଣ କରିବାର ଯୋଗ୍ୟତା ହାସଲ କରିବ। (ପ୍ରବେଶ କଲେ ହମ୍ବୀର। ସ୍ତମ୍ଭୀଭୂତ ହୋଇ ଦଣ୍ଡାୟମାନ)

ସାଲ୍ୱା ନରସିଂହା - ହଁ, ମୁଁ ଚାହେଁ ମୋ ଭାବ ଜାମାତା ପୁରୁଷୋତ୍ତମ ଦେବ କଳିଙ୍ଗର ନିରଙ୍କୁସ ସମ୍ରାଟ ହୋଇ ସିଂହାସନ ଆରୋହଣ କରୁ । ନହେଲେ ଆକ୍ରମଣ।

ହମ୍ବୀର - ଶୁହନ୍ତୁ ମହାରାଜ ! ଆକ୍ରମଣ କରିବା ଅନାବଶ୍ୟକ । ଅଯଥା ଯୁଦ୍ଧ ଓ ରକ୍ତପାତ କରାଇବା ମଧ୍ୟ ଅନାବଶ୍ୟକ ।

ସାଲ୍ୱା ନରସିଂହା - କୋଉଟା ଆବଶ୍ୟକ ଆଉ କୋଉଟା ଅନାବଶ୍ୟକ ସେଇଟା ମତେ ବୁଝେଇବାକୁ ଆସିଥିବା ହେ ଅପରିଚିତ, ପ୍ରଥମେ କୁହ ତମେ କିଏ ଏବଂ ଏ ଅରଣ୍ୟରେ ହଠାତ୍ କୋଉଠୁ ଆବିର୍ଭାବ ହେଲ ? ଯଦିବା ଆବିର୍ଭାବ ହେଲ ମତେ ଉପଦେଶ ଦେବାପାଇଁ ସାହର କଲ କିପରି ? କିଏ ଆପଣ ?

ହମ୍ବୀର - ପ୍ରତ୍ୟେକ ଥର ଆପଣଙ୍କ ସହ ଦେଖା ହେଲେ ସେଇ ଗୋଟାଏ ଭୁଲ କରୁଛନ୍ତି ଆପଣ। ଆପଣଙ୍କର ସ୍ମୃତିଶକ୍ତି କ'ଣ ଧ୍ୱଂସ ହେଇଗଲାଣି ନରସିଂହା ? ଗଜପତି ବଂଶର ପ୍ରତିଷ୍ଠାତା ବୀର ଶ୍ରୀ ବୀରବର କପିଳେନ୍ଦ୍ର ଦେବଙ୍କର ଜ୍ୟେଷ୍ଠ ପୁତ୍ର ହମ୍ବୀର ଦେବ ମହାପାତ୍ରଙ୍କୁ ଆପଣ ଚିହ୍ନିପାରୁନାହାନ୍ତି ? ତିନିଥର ମୁଁ ତମର ବିଜୟ ନଗର ଆକ୍ରମଣ କରି ତମକୁ ପରାସ୍ତ କରିଛି। ମତେ ଦେଖିଲା ମାତ୍ରେ ମୁଣ୍ଡ ନୁଆଁଇ ପ୍ରଣାମ କରିବା କଥା।

ନରସିଂହା - ତମର ଅହଙ୍କାର ଅକ୍ଷମଣୀୟ, ସେଇଥିପାଇଁ ଯୁଦ୍ଧ ହବ ହମ୍ବୀର ଏବଂ ମନେରଖ, ଏ ଯୁଦ୍ଧରେ ମୁଁ ନିଜେ ଲଢିବି। ମୋ ଅଶ୍ୱାରୋହୀ ଆଉ ଗଜାରୋହୀମାନଙ୍କୁ ନେଇ। ଆହୁରି ମନେରଖ, ଏଇ ଯୁଦ୍ଧରେ ନିଜେ ଲଢୁଥିବେ ତୁମର କନିଷ୍ଠ ଭ୍ରାତା ବୀର ପୁରୁଷୋତ୍ତମ । ଦେଖିବା କେତେ ପରାକ୍ରମ ତମର ?

ହମ୍ବୀର - କାହିଁକି ମୋ' ସାଙ୍ଗରେ ଲଢିବ ? ସିଏ ମୋର କନିଷ୍ଠ ଭ୍ରାତା

ନରସିଂହା - ତମକୁ ପରାସ୍ତ କରି ବାରବାଟୀ ଦୁର୍ଗର ସିଂହାସନରେ ପୁରୁଷୋତ୍ତମଙ୍କୁ ଅଧିଷ୍ଠିତ କରିବି।

ହମ୍ବୀର - ଏଥରେ ତମର କ'ଣ ଲାଭ ହବ ? ତମେତ ଦାକ୍ଷିଣାତ୍ୟର ରାଜ୍ୟପାଳ।

ନରସିଂହା - ମୋର ଏକମାତ୍ର କନ୍ୟା ପଦ୍ମାବତୀକୁ ଦାନ କରିବି ଜାମାତା ପୁରୁଷୋତ୍ତମଙ୍କ ହାତରେ। ଏଇଟା ହିଁ ମୋର ଲକ୍ଷ୍ୟ।

ହମ୍ବୀର - ପୁରୁଷୋତ୍ତମ ହାତରେ ? ପୁରୁଷୋତ୍ତମ। ସେତିକିବେଳୁ ଚୁପ୍‌ଚାପ୍ ଏଇଠି ଠିଆ ହେବାର ମାନେ କ'ଣ ? (ଆବହ ସଙ୍ଗୀତ) ତତେ ଚାରିବର୍ଷର ନିର୍ବାସନ ଦଣ୍ଡ ଦେଇ ମୁଁ ଭୁଲ କରିଛି। ମୁଁ ଜାଣେ ତୁ ସେଇଥିପାଇଁ ତୋ ଭାଇ ଉପରେ ଅଭିମାନ କରିଛୁ। ହେଲେ କନିଷ୍ଠ ଭ୍ରାତା ମୋର, ଜାଣିରଖ -ମୁଁ ମୋର ଭୁଲର ପ୍ରାୟଶ୍ଚିତ କରିବାକୁ ଆସିଛି। ମତେ କ୍ଷମା କରିଦେ। (ଆବହ ସଙ୍ଗୀତ)

ନରସିଂହା - ପ୍ରାୟଶ୍ଚିତ କରୁଚ ନା ନାଟକ କରିବାକୁ ଆସିଛ ?

ହମ୍ବୀର - ନାଟକ ତମେ କରୁଛ ନରସିଂହା, ମତେ ହରେଇ ତମ କନ୍ୟା ପଦ୍ମାବତୀକୁ ଯେତେବେଳେ କନ୍ୟାଦାନ କରିବ, ସେତେବେଳେ ? ସେତେବେଳେ ବେଦୀରେ କିଏ ବସିଥିବ ? ମୁଁ... ହମ୍ବୀର। ପୁରୁଷୋତ୍ତମର ଜ୍ୟେଷ୍ଠଭ୍ରାତା।

ନରସିଂହା - କ'ଣ କରିବ ? କ'ଣ କରିବ ତମେ ?

ହମ୍ବୀର - ମୁଁ ପୁରୁଷୋତ୍ତମର ଜ୍ୟେଷ୍ଠ ଭାତ୍ରା ନରସିଂହ ଦେବ। ଯୁଦ୍ଧରେ ହାରିଗଲେ ମଧ୍ୟ ମୁଁ ବର ପକ୍ଷର କର୍ତ୍ତା ହେବି। ମୋଠୁ ୧୨ବର୍ଷ ସାନ ମୋର କନିଷ୍ଠ ଭ୍ରାତାକୁ ବାହା ଦେବାପାଇଁ ବେଦୀରେ ମୁଁ ବସିଥିବି। ତମେ କନ୍ୟାପିତା ରୂପେ ମତେ ଆଲିଙ୍ଗନ କରିବା ପାଇଁ ବାଧ୍ୟ ହେବ ନାରସିଂହା। ମୁଁ ତମ ଜାମାତାର ଜ୍ୟେଷ୍ଠ ଭ୍ରାତା ରୂପେ ତମର ବନ୍ଦନୀୟ, ତମର ନସମ୍ୟ।

ନରସିଂହା - ତା'ହେଲେ ତମକୁ ବାଧ କରାଯିବ ହମ୍ବୀର, ଏ ପ୍ରସ୍ତାବରେ

ରାଜି ହେବା ପାଇଁ ତୁମକୁ ବାଧ୍ୟ କରାଯିବ। ବେଦୀରେ ଚୁପ୍ ହେଇ ବସିବ।

ହମ୍ବୀର - ନାରସିଂହା ଦେଓ୍ୱା।

ନରସିଂହା - ତମେ ଯେମିତି ପୁରୁଷୋତ୍ତମଙ୍କଠାରୁ ବୟସରେ ବାରବର୍ଷ ବଡ ବୋଲି ଆଧିପତ୍ୟ ଦେଖାଇ ତାକୁ ଅରଣ୍ୟକୁ ନିର୍ବାସନ ଦେଇଚ, ମୁଁ ସେମିତି ତମଠାରୁ କୋଡିଏ ବର୍ଷ ବଡ ହମ୍ବୀର। ମୁଁ ମଧ୍ୟ ତମର ନମସ୍ୟ। ମୋ କଥାର କୌଣସି ମୂଲ୍ୟ ନାହିଁ ? ତମେ କ'ଣ ଜାଣ ହମ୍ବୀର ? ମୋ କନ୍ୟା ପଦ୍ମାବତୀ ଆଉ ତମ କନିଷ୍ଠ ଭ୍ରାତା ପୁରୁଷୋତ୍ତମ ଉଭୟେ ଏ ଅରଣ୍ୟ ଭିତରେ ମାଳା ବଦଳ କରି ସାରିଛନ୍ତି।

ହମ୍ବୀର - ନା ମହାରାଜ ! ଆପଣ ଏ ତଥ୍ୟ କିପରି ଜାଣିଲେ ?

ନରସିଂହା - ପ୍ରମାଣ ଅଛି, ବାବୁ, ପୁରୁଷୋତ୍ତମ ?

ପୁରୁଷୋତ୍ତମ - ହଁ ଭାତ୍ରାଶ୍ରୀ !ପ୍ରମାଣ ଅଛି, ଭ୍ରାତାଶ୍ରୀ .... ଏ ଅରଣ୍ୟ ଭିତରେ ଶବରମାନଙ୍କ ଠାକୁର ଜଗନ୍ନାଥଙ୍କ ପାଖରେ ମାଳା ବଦଳ କରିଛୁ । ରାଜା ହିସାବରେ ନୁହେଁ -ଗୋଟେ ହତଭାଗ୍ୟ ଯାଯାବର ରୂପରେ।

କ.ସେନାପତି - ଗତ ଚାରିବର୍ଷ ହେଲା ଏ ଅରଣ୍ୟରେ ସେ ନିର୍ବାସନ ଦଣ୍ଡ ଭୋଗୁଛନ୍ତି। ତା'ଫଳରେ କଳିଙ୍ଗର ପ୍ରଜାମାନେ ଗୃହଯୁଦ୍ଧ କରିବାକୁ ଧମକ ଦେଲେଣି।

ସାଲ୍ୱା ନରସିଂହା - ସେ ଖବର ମଧ୍ୟ ଅମାତ୍ୟ ଜଣାଇଛନ୍ତି ହମ୍ବୀର ଦେବ । ସେଇଥିପାଇଁ ଆମକୁ ଯୁଦ୍ଧ ପାଇଁ ପ୍ରସ୍ତୁତ ହେବାକୁ ପଡୁଛି।

ହମ୍ବୀର - ମୁଁ କହୁଛି ନରସିଂହା -ପ୍ରତିଶ୍ରୁତି ଦେଉଛି, ମୁଁ ବର୍ତ୍ତମାନ ଏଇଠି କନିଷ୍ଠ ଭ୍ରାତା ପୁରୁଷୋତ୍ତମକୁ ବାରବାଟୀ ଦୁର୍ଗ ଆଉ ସିଂହାସନ ଫେରେଇ ଦେବାକୁ ଆସିଛି।

ସାଲ୍ୱା ନରସିଂହା - ଏହା ତୁମ୍ଭର କୂଟନୀତି ନା ରାଜନୀତି ?

ହମ୍ମୀର - ଧର୍ମନୀତି । ମୁଁ ଆଜି ଆସିଚି ତା'ର ରାଜ ସିଂହାସନ ତାକୁ ଫେରେଇ ଦେବା ପାଇଁ । ତାକୁ ଏ ଅରଣ୍ୟରୁ ନେଇ ସିଂହାସନରେ ବସେଇ, ରାଜମୁକୁଟ ପିନ୍ଧେଇବା ପାଇଁ । ସ୍ୱ ଇଛାରେ ମୁଁ ତା'ର ଅଧିକାର ଫେରେଇ ଦଉଛି ନରିସଂହ ଦେବା । ଯୁଦ୍ଧ ଅନାବଶ୍ୟକ । ମୋ କନିଷ୍ଠ ଭ୍ରାତା ବର୍ତ୍ତମାନ ୨୨ ବର୍ଷର ଯୁବକ ଏବଂ ସିଂହାସନରେ ବସିବା ପାଇଁ ସମର୍ଥ ।

କ.ସେନାପତି - ମୁଁ ଏକଲା ଆସି ମହାରାଜାଙ୍କୁ ନେଇ ବାରବାଟୀ ଯାଇଥାନ୍ତି, କିନ୍ତୁ ଗଜପତି ନିଜେ ସ୍ୱ-ଇଛାରେ ଆମ ସହିତ ଆସିଛନ୍ତି ମହାରାଜ ! ଆପଣ ଭ୍ରାତାଶ୍ରୀ ହମ୍ମୀର ଦେବଙ୍କୁ କ୍ଷମା କରିଦିଅନ୍ତୁ । ମୁଁ ଦେଖି ଆସୁଚି ଜେମାମଣିଙ୍କର କ'ଣ ହେଲା । (ସେନାପତି ଦ୍ୱୟ ପ୍ରସ୍ଥାନ କଲେ)

ହମ୍ମୀର - ସେ ତା'ର କଳିଙ୍ଗର ଅଧିପତି ହେଉ । ମୁଁ ସବୁ ଫେରେଇ ଦେଇ ଦାକ୍ଷିଣାତ୍ୟକୁ ଫେରିଯିବି । ରାଜ୍ୟର ଦକ୍ଷିଣ ସୀମାକୁ ରକ୍ଷାକରି ସେଇଠିକାର ରାଜ୍ୟପାଳ ହେଇ ରହିବି ଏବଂ କନିଷ୍ଠ ଭ୍ରାତାକୁ ସୁରକ୍ଷା ଦେବି ।

ପୁରୁଷୋତ୍ତମ - କିନ୍ତୁ ଭ୍ରାତାଶ୍ରୀ ! ହଠାତ୍ ଆପଣଙ୍କର ଏ ଭାବାନ୍ତର କାହିଁକି ହେଲା ? ଆପଣ କହିଥିଲେ ମହାମହିମ କପିଳେନ୍ଦ୍ରଙ୍କର ଜ୍ୟେଷ୍ଠପୁତ୍ର ଆପଣ, ପରମ ବୀର ଏବଂ ଗଜପତି ବଂଶର ଶ୍ରେଷ୍ଠ ଯୋଦ୍ଧା ଆପଣ । ଏତେ ଶୀଘ୍ର ଆପଣଙ୍କ କ୍ଷମତାର ଭଣ୍ଡାର ଘରକୁ ବନ୍ଦ କରିବାର ନିଷ୍ପତ୍ତି କାହିଁକି ନେଲେ ?

ହମ୍ମୀର - ତୁ କ'ଣ କହିବାକୁ ଚାହୁଁଛୁ ପୁରୁଷୋତ୍ତମ ? ତୁ କ'ଣ ମୋ ନିଷ୍ପତ୍ତିରେ ସନ୍ତୁଷ୍ଟ ନୋହୁ ?

ପୁରୁଷୋତ୍ତମ - କ୍ଷମତା ମତେ ସନ୍ତୁଷ୍ଟ କରେନାହିଁ ଭ୍ରାତାଶ୍ରୀ । ପୁରୁଷୋତ୍ତମ

ଧ୍ୟାନ ଚକ୍ଷୁରେ ଚତୁର୍ଦ୍ଧା ମୂର୍ତ୍ତିଙ୍କୁ ଦେଖି ସ୍ପନ୍ଦିତ ହୁଏ। ମୋ ପ୍ରଭୁଙ୍କର କୃପାରେ ମୋ ସନ୍ତୁଷ୍ଟି।

ସାଲ୍ୱା ନରସିଂହା - ଆପଣ କ୍ଷତ୍ରିୟ ଯୁବରାଜ! ସମାଜକୁ ସୁରକ୍ଷା ଦେବା ଆପଣଙ୍କ ଦାୟିତ୍ୱ। ପ୍ରଜାମାନଙ୍କୁ ନ୍ୟାୟ ଦେବା ଆପଣଙ୍କ କର୍ତ୍ତବ୍ୟ। ସତ୍ୟ ଓ ନ୍ୟାୟ ପାଇଁ ଅନ୍ୟାୟ ଓ ଅହଂକାର ବିରୁଦ୍ଧରେ ଯୁଦ୍ଧ କରିବା ଦାୟିତ୍ୱ ଆପଣଙ୍କର।

ହମ୍ବୀର - ତୁ ବୀର; ପ୍ରତାପଶାଳୀ; କ୍ଷତ୍ରିୟ; ପୁରୁଷୋତ୍ତମ। ସେଇଥିପାଇଁ କଳିଙ୍ଗ ସିଂହାସନ ଆରୋହଣ କରିବା ପାଇଁ ତତେ ମୁଁ ଆହ୍ୱାନ ଦେଉଛି।

ପୁରୁଷୋତ୍ତମ - ମୁଁ ଶାସକ ନୁହେଁ ଭ୍ରାତାଶ୍ରୀ, ମୁଁ ମହାରାଜାଧିରାଜ ପୁରୁଷୋତ୍ତମ ଜଗନ୍ନାଥଙ୍କର ସେବକ।

ହମ୍ବୀର - ତା'ମାନେ ତୁ କ'ଣ ମୋ ନିଷ୍ପତ୍ତିରେ ସନ୍ତୁଷ୍ଟ ନୋହୁ?

ପୁରୁଷୋତ୍ତମ - ଅଭ୍ୟନ୍ତରରେ ମୁଁ କେବଳ କବିଟିଏ ଭ୍ରାତାଶ୍ରୀ। ସଂସ୍କୃତରେ ଲେଖିଚି, ସମୟ ମିଳିଲେ ଚିତ୍ର ଆଙ୍କେ। ସକାଳ ଓ ସନ୍ଧ୍ୟାରେ ଇଷ୍ଟଦେବ ଜଗନ୍ନାଥଙ୍କର ପୂଜା କରେ।

ହମ୍ବୀର - ମୋ ଦେଇ କିନ୍ତୁ ପୂଜାପାଠଟା ହେଲା ନାହିଁ ପୁରୁଷୋତ୍ତମ।

ପୁରୁଷୋତ୍ତମ - ସେଇଥିପାଇଁ କଳିଙ୍ଗର ସିଂହାସନ ଛାଡିଦେଲେ ଭ୍ରାତାଶ୍ରୀ ? ହଠାତ୍ ଏ ଭାବାନ୍ତରର କାରଣ ?

ହମ୍ବୀର - କାରଣ ତୋର ଠାକୁର.... ଜଗନ୍ନାଥ।

ପୁରୁଷୋତ୍ତମ - ପ୍ରଭୁ ତ ଜଗତର ନାଥ,. ଭ୍ରାତାଶ୍ରୀ।

ହମ୍ବୀର - ବିପଦଜନକ! ଭୟଙ୍କର!! ରାତିରେ ମୁଁ ଶୋଇ ପାରୁନି।

ପୁରୁଷୋତ୍ତମ - ଅସୁରମାନଙ୍କୁ ସିଏ ଭଦ୍ରକାଳୀ ବେଶରେ ଦେଖା ଦିଅନ୍ତି।

ହମ୍ବୀର - ଡରେଇଲା ମତେ! ଜୀବନ ନବାକୁ ଧମକ ଦେଲା।

ପୁରୁଷୋତ୍ତମ	-	ତମେ ମୁଦିରସ୍ତଙ୍କୁ ଏକଥା କହିଲ ନାହିଁ କାହିଁକି ?
ହମ୍ବୀର	-	ମୁଁ ଜାଣିନିରେ ପୁରୁ ! ଜୀବନ ସାରା ଅଗ୍ରଗଣ୍ୟ ଗଣନାଥଙ୍କୁ ପୂଜା କରିବି, ହେଲେ ଇଏ କି ଠାକୁର ତମର ? ମୁଁ ତ ଭାବିଥିଲି ଇଏ ଶ୍ରୀକୃଷ୍ଣଙ୍କ ଅବତାର । ଭଦ୍ରକାଳୀ କେମିତି ହେଲେ ? କିଏ କିଏ କହୁଛନ୍ତି, ସିଏ ଭୈରବ ମଧ୍ୟ । ହେଲେ ମୁଦିରସ୍ତ କିଏ ?
ପୁରୁଷୋତ୍ତମ	-	ଦୀର୍ଘ ଚାରିବର୍ଷ ଶାସନ କଲେ । କଳିଙ୍ଗର ଇଷ୍ଟଦେବଙ୍କୁ ସନ୍ତୁଷ୍ଟ କରିପାରିଲେ ନାହିଁ ? ନା ପୂଜା କଲେ-ନା ଭୋଗ ଲଗେଇଲେ । ମୁଦିରସ୍ତଙ୍କୁ ଜାଣିଲେ ନାହିଁ ?
ହମ୍ବୀର	-	ସେ ଦେଉଳ ଭିତରକୁ ଯିବାକୁ ଡର ମାଡିଲାରେ ପୁରୁଷୋତ୍ତମ ... ପୂଜା କରିବା ସମ୍ଭବ ହୋଇପାରିଲା ନାହିଁ -ଆ' ମୋ ସାଙ୍ଗରେ ଆ' -ତୋ ସିଂହାସନ ଆଉ ତୋ ଠାକୁରକୁ ତୁ ସମ୍ଭାଳେ । (ହମ୍ବୀର ହାତଧରି ଟାଣି ପୁରୁଷୋତ୍ତମଙ୍କୁ ନେଇ ଯାଉଥିବା ସମୟରେ ହଠାତ୍ ପ୍ରବେଶ କଲେ ପଦ୍ମା ଓ ବାଟ ଓଗାଳି ଠିଆ ହେଲେ)
ପଦ୍ମାବତୀ	-	ନା, ଆପଣ ତାଙ୍କୁ ମୋ ପାଖରୁ ଛଡେଇ ନେଇ ଯାଇପାରିବେ ନାହିଁ।
ନରସିଂହା	-	ପଦ୍ମାବତୀ।
ପଦ୍ମାବତୀ	-	ତାଙ୍କ ସହ ମୋର ବିବାହ ହୋଇସାରିଛି ଗଜପତି ମହାରାଜ ! ଏ ବିବାହ ଖାଲି ଶରୀରର ନୁହେଁ -ଦୁଇଟି ଆତ୍ମାର ।
ହମ୍ବୀର	-	ଅତିଶୀଘ୍ର ମୁଁ ତା'ର ବିବାହ ଆୟୋଜନ କରିବି।
ପଦ୍ମା	-	ବିବାହ ପରେ ଆପଣ ମୋର ଦେଢଶୂର ହୋଇଯିବେ ଗଜପତି । ମୁଁ ଛାମୁଙ୍କ ମୁହଁ ମଧ୍ୟ ଦେଖିପାରିବି ନାହିଁ,

ସେଇଥିପାଇଁ ଆପଣଙ୍କୁ ସାଷ୍ଟାଙ୍ଗ ହେଇ କହୁଚି- ଆପଣ ମୋ ପ୍ରାଣପ୍ରିୟ ସ୍ୱାମୀଙ୍କୁ ମୋ ଦୃଷ୍ଟିପଥରୁ ଅପସାରଣ କରନ୍ତୁ ନାହିଁ। ସେ ଦୁଇଦିନ ହେଲା ଫଳାହାରରେ ଅଛନ୍ତି। ଅନ୍ନ ବ୍ୟଞ୍ଜନ ଦେଇ ତାଙ୍କୁ ତୃପ୍ତ ନ କରାଇବା ପର୍ଯ୍ୟନ୍ତ ମୁଁ ମଧ୍ୟ ଅନ୍ନ ଛୁଇଁବି ନାହିଁ।

ହମ୍ବୀର - ମହାରାଜ ନରସିଂହା ! ପ୍ରସଙ୍ଗଟି ଗୁରୁତର। ଅତ୍ୟନ୍ତ ଗୁରୁତର।

ନରସିଂହା - କିନ୍ତୁ ମୁଁ କ'ଣ କରିପାରିବି ଗଜପତି ? କନ୍ୟାପିତା ମୁଁ। କଳିଙ୍ଗ ପରି ଏକ ପ୍ରସିଦ୍ଧ ରାଜ୍ୟର ରାଜାଙ୍କୁ ମୁଁ କନ୍ୟାଦାନ କରୁଛି। ମତେ ପଦ୍ମାବତୀଙ୍କୁ ମର୍ଯ୍ୟାଦାର ସହ ପଠାଇବା ପାଇଁ କିଛି ସମୟ ଦିଅନ୍ତୁ।

ହମ୍ବୀର - ଅବଶ୍ୟ, କନ୍ୟାଦାନ କରିବା ପୂର୍ବରୁ ଆପଣ ଥରେ ପୁରୀ ଆସନ୍ତୁ । ମୋ ତରଫରୁ ନିମନ୍ତ୍ରଣ ରହିଲା। ଆପଣ ସ୍ୱ ଚକ୍ଷୁରେ ଦେଖିବେ ଆପଣଙ୍କ ଜାମାତା କଳିଙ୍ଗର ସିଂହାସନ ଆରୋହଣ କରିଛି।

ନରସିଂହା - ଯିବି, ନିଶ୍ଚୟ ଯିବି। ହେଲେ ଏବେ... ଏବେ ମତେ ପଦ୍ମାବତୀଙ୍କୁ ନେଇ ବିଜୟନଗର ଯିବାକୁ ଅନୁମତି ଦିଅନ୍ତୁ।

ହମ୍ବୀର - ଅବଶ୍ୟ, କଳିଙ୍ଗାଧିପତି ପୁରୁଷୋତ୍ତମଙ୍କର ଜ୍ୟେଷ୍ଠ ଭ୍ରାତା ରୂପରେ ଏଇଟା ମୋର କର୍ତ୍ତବ୍ୟ। (ନରସିଂହା ପଦ୍ମାବତୀଙ୍କୁ ନେଇ ଆସିଲେ, ପଦ୍ମାବତୀ ପୁରୁଷୋତ୍ତମଙ୍କୁ ଓ ହମ୍ବୀରଙ୍କୁ ପ୍ରଣାମ କଲେ। ଆବହ ସଂଗୀତରେ ଶାହାନାଇ ବାଜିପାରେ। କୋରାଲ୍ ହମିଂ ଦିଆଯାଇପାରେ। ଗୀତ ଦିଆଯାଇପାରେ)

(ଝିଅ କଣ୍ଠରେ)

ହୁଏତ କୋଉଦିନ ଭୁଲିଯିବ ତମେ ମତେ
ମୁଁ କିଗୋ ପାରିବି ଭୁଲି
ସେଇଥିପାଇଁ ତ ଆଜି ଚୁପଚାପ ତମଠାରୁ

ବିଦାୟ ନେଇ ମୁଁ ଯିବି ଚାଲି
ସୁର ଅଛି ଜୀବନରେ ତମେ ଖାଲି ଲେଖିଦେବ
ଟିକେ ବୋଲି ପ୍ରାଣର ଭାଷା।

(ଆଗରୁ ଦିଆଯାଇଥିବା ଗୀତକୁ ଧିମା ଲୟରେ ଗାଇବେ)

(ମଞ୍ଚ ଉପରେ ପୁରୁଷୋତ୍ତମ ସ୍ୱଟରେ। ବିଦାୟ ନେଇ ଚାଲିଗଲେ ପଦ୍ମାବତୀ। ଆଲୁଅ ଠୁଳ ହେଲା ପୁରୁଷୋତ୍ତମ ମୁହଁରେ। ଡିମର୍‌ରେ ମଞ୍ଚ ଅନ୍ଧାର ହେଲା।)

(ମଞ୍ଚ ଅନ୍ଧାର)

ଅଷ୍ଟମ ଦୃଶ୍ୟ

(ପୁଣିଥରେ ଆଲୁଅ ଆସିଗଲା ବେଳକୁ ପୁରୁଷୋତ୍ତମଙ୍କ ମୁହଁରେ ଆଲୁଅ ଆସୁଛି। କିନ୍ତୁ ବଦଳି ଯାଉଛି ସମୟ ଓ ସ୍ଥାନ।

ସ୍ଥାନ : କଳିଙ୍ଗ ରାଜପ୍ରାସାଦର ଅଭ୍ୟନ୍ତର। ସମୟ ଦିନ। ପ୍ରଚ୍ଛଦ ପଟରୁ ଶୁଭିଲା କାହାଳୀ ଶବ୍ଦ ଓ ହୁଳହୁଳି। ରାଜାଙ୍କ ଅଭିଷେକ ଉତ୍ସବର ମନ୍ତ୍ରପାଠ। ହମ୍ବୀର ରାଜାଙ୍କ ପଗଡି ଆଣି ଲଗେଇଦେଲେ ପୁରୁଷୋତ୍ତମଙ୍କ ମୁଣ୍ଡରେ। ମୋଟ ଉପରେ ଏଠାରେ ଶାସ୍ତ୍ରୀୟ ନିୟମ ଅନୁସାରେ ଅଭିଷେକ ଉତ୍ସବ ଅନୁଷ୍ଠିତ ହେବ। ପ୍ରଥମେ ଜଣେ ବ୍ରାହ୍ମଣ (ଋଷିଙ୍କ ଭଳି ଦାଢିଥିବ) ଆସି ପୁରୁଷୋତ୍ତମଙ୍କ ଉପରେ କସ୍ତୁରୀ ଓ ଚନ୍ଦନ ସିଞ୍ଚନ କଲେ। ସିଞ୍ଚନ କରୁ କରୁ ବୈଦିକ ମନ୍ତ୍ର ବଳରେ ତା'ର ଓଡିଆ ଅନୁବାଦ ଉଚ୍ଚାରଣ କରିବେ। ୨/୩ ଜଣ ଋଷି ଚରିତ୍ର ନିଅନ୍ତୁ। ଯେଉଁମାନେ ରଥଯାତ୍ରାରେ ବଡପଣ୍ଡା, ମୁଦିରସ୍ତ ଇତ୍ୟାଦି ଭୂମିକାରେ ଅଭିନୟ କରିବେ, ସେମାନେ ଏଇ ଅଭିଷେକ ଉତ୍ସବର ଋଷି ଭୂମିକାରେ ରହିବେ। ଏମାନଙ୍କୁ ହୋତୃ ଓ ଅଧ୍ୱର୍ଯ୍ୟୁ, ଉଦ୍‌ଗାତା ଓ ବ୍ରାହ୍ମଣ କୁହାଯାଏ। ସଂସ୍କୃତ ମନ୍ତ୍ର ବଦଳରେ ଏଠାରେ ତା'ର

ଓଡିଆ ଅନୁବାଦ ଦିଆଗଲା । ଓଡିଆ ଅନୁବାଦକୁ ଛନ୍ଦରେ ଗାଇବେ ପ୍ରଚ୍ଛଦ ପଟରୁ ।)

ବ୍ରାହ୍ମଣ ୧ - ହେ ଅମୃତବାରି । କଳିଙ୍ଗର ଶ୍ରୀଜଗନ୍ନାଥଙ୍କ ସେବକମାନେ, ତୁମ୍ଭଙ୍କୁ ବିଭିନ୍ନ ସମୁଦ୍ରରୁ ସଂଗ୍ରହ କରିଛନ୍ତି । ତୁମ୍ଭେ ଗଜପତି ବଂଶର ରାଜାମାନଙ୍କୁ ତୁମ ପବିତ୍ର ଦେହରେ ଅଭିଷିକ୍ତ କରିଛ । ତୁମ୍ଭ ଶରୀରରେ ବରୁଣ ଓ ମିତ୍ର ଉପସ୍ଥିତ ଅଛନ୍ତି । ମୁଁ ଏଇ ସୁବର୍ଣ୍ଣ ପାତ୍ରରେ ତୁମକୁ ଗ୍ରହଣ କରୁଛି ।

ବ୍ରାହ୍ମଣ ୨ - ହେ ପବିତ୍ର ବାରି ! ତୁମ୍ଭେ ହିଁ କାଳେ କାଳେ ରାଜାମାନଙ୍କୁ ଜନ୍ମ ଦେଇଛ । ଶକ୍ତି ଓ ସାମର୍ଥ୍ୟ ଦେଇଛ, ସାମ୍ରାଜ୍ୟ ଦେଇଛ ।

ବ୍ରାହ୍ମଣ ୩ - ଆଜି ଆମର ଯଜମାନ ପୁରୁଷୋତ୍ତମ ଦେବଙ୍କୁ କଳିଙ୍ଗ ସାମ୍ରାଜ୍ୟ ଦିଅ । (ସୁବର୍ଣ୍ଣର ପାତ୍ରରେ ପୁରୁଷୋତ୍ତମଙ୍କ ଉପରେ ଜଳ ସିଞ୍ଚନ କଲେ)

ବ୍ରାହ୍ମଣ ୨ - (କୁଶ ଗୁଚ୍ଛ ଜଳରେ ବୁଡାଇ ରାଜାଙ୍କ ଉପରେ ଜଳ ସିଞ୍ଚନ କରୁ କରୁ) ଓଡିଆରେ ମନ୍ତ୍ର -

ଏ ପବିତ୍ର କୁଶାଗ୍ରରେ ମୁଁ ଜଳ ଗ୍ରହଣ କରୁଛି । ଏହା ସବିତୃଙ୍କ ଆଦେଶ । (କି ବୋର୍ଡରେ ସଂଗୀତ) ଏ ସୂର୍ଯ୍ୟର ଆଲୋକରେ କୁଶାଗ୍ରର ଜଳ ପବିତ୍ର । ହେ ଅପରାଜେୟ ଜଳ ! ହେ ମିତ୍ର ସ୍ୱରୂପ ବାକ୍‌ପତି । ହେ ସୋମରସ ପ୍ରଦାୟକ ଜଳ ! ତୁମ୍ଭଙ୍କୁ ମନ୍ତ୍ର ଦ୍ୱାରା ମୁଁ ଅମୃତରେ ପରିଣତ କରୁଛି । ମୋର ଯଜମାନ ପୁରୁଷୋତ୍ତମ ଦେବଙ୍କୁ ତୁମ୍ଭେ ସାମ୍ରାଜ୍ୟ ପ୍ରଦାନ କର । (ଜଳ ସିଞ୍ଚନ କଲେ ରାଜାଙ୍କ ଦେହରେ)

ବ୍ରାହ୍ମଣ - ୧ ହେ ରାଜନ୍ ! ଆପଣ ବର୍ତ୍ତମାନ ସିଂହାସନରେ ଆରୂଢ଼ ହେଲେ । ପବିତ୍ର ବିଧି ବିଧାନ ଏବଂ ମୂଲ୍ୟବୋଧମାନଙ୍କୁ ସୁରକ୍ଷା ଦେବା ଆପଣଙ୍କ କର୍ତ୍ତବ୍ୟ । ଯାହା ସତ୍ୟ, ଯାହା ଠିକ୍, ତାହାହିଁ ଆପଣ ଉଚ୍ଚାରଣ କରିବେ ଏବଂ ସର୍ବଦା

ଯାହା ଉଚିତ୍, ସେଇ କର୍ମ ସମ୍ପାଦନ କରିବେ। (ଢୋଲ ଓ ତେଲିଙ୍ଗି ବାଜା)

(ବର୍ତ୍ତମାନ ହମ୍ବୀର ଦେବ ରାଜମୁକୁଟ ଧରି ପ୍ରବେଶ କରିବେ। ମୁକୁଟଟି ସ୍ୱର୍ଣ୍ଣ ଥାଳିରେ ରଖାଯାଇଥିବ)

ବ୍ରାହ୍ମଣ –୧ – ଏ ରାଜମୁକୁଟ ବ୍ରହ୍ମାଙ୍କ ଦ୍ୱାରା ନିର୍ମିତ। ପ୍ରାଚୀନ କାଳରେ ମହାରାଜା ମନୁଙ୍କ ଅଭିଷେକ କାଳରେ ଏ ରାଜମୁକୁଟ ବ୍ୟବହାର କରାଯାଇଥିଲା।ସେ କାଳର ସମସ୍ତ ରାଜାଙ୍କ ଅଭିଷେକ ଜଳ ସିଞ୍ଚନ କରି, ରାଜମୁକୁଟକୁ ଆପଣ ପୂଜା କରି ପବିତ୍ରିକରଣ କରାନ୍ତୁ ଓ ଭ୍ରାତାଙ୍କ ମୁଣ୍ଡରେ ତାହା ପିନ୍ଧାଇ ଦିଅନ୍ତୁ।

(ବ୍ରାହ୍ମଣ ରାଜମୁକୁଟ କୁଶାଗ୍ରରେ ଜଳ ସିଞ୍ଚନ କଲେ। ଏକ ପଦ୍ମ ଫୁଲର ମାଳା ପୁରୁଷୋତ୍ତମଙ୍କ ଗଳାରେ ପିନ୍ଧାଇଲେ। ତା'ପରେ ତେଲିଙ୍ଗି ବାଜା, ଢୋଲ ଓ କାହାଳୀ ତିନିଥର। ଭାଟ ପ୍ରଚ୍ଛଦ ପଟରୁ / ନିଜେ ମଞ୍ଚରେ ପ୍ରବେଶ କରି ଗାଇଲା।)

ଭାଟ – ଜୟଶ୍ରୀ ବୀରବର, ପ୍ରବଳ ପ୍ରତାପୀ ବୀର ପ୍ରତାପ ଶ୍ରୀ ଶ୍ରୀ ଗଜପତି ଗୌଡେଶ୍ୱର, ନବକୋଟି କର୍ଣ୍ଣାଟୋତ୍କଳ କୁଳବର୍ଗାଧିଶ୍ୱର ଶ୍ରୀଶ୍ରୀ ଶ୍ରୀ ଗଜପତି ପୁରୁଷୋତ୍ତମ ଦେବଙ୍କର ଜୟ।

(କାହାଳୀ ବାଜିଲା। ରାଜାଙ୍କ ଉପରେ ପୁଷ୍ପ ବୃଷ୍ଟି କରାଗଲା। ଡିମର୍‌ରେ ଆଲୁଅ ଲିଭିଲା)

(ମଞ୍ଚ ଅନ୍ଧାର)

ନବମ ଦୃଶ୍ୟ

କାଞ୍ଚି ରାଜପ୍ରାସାଦର ଦରବାର। ବାହାରୁ କଥାବାର୍ତ୍ତା ହୋଇ ପ୍ରବେଶ କଲେ ସାଲ୍ୱା ନରସିଂହା ଓ ମନ୍ତ୍ରୀ ନାରସା ନାୟକ।

ସାଲ୍ୱା ନରସିଂହା – ତା'ହେଲେ କଳିଙ୍ଗ ସମାଚାର କ'ଣ ମନ୍ତ୍ରୀବର। ପୁରୁଷୋତ୍ତମର ପଟ୍ଟାଭିଷେକମ୍ କେମିତି ହେଲା ?

ନାରସା - ଛାମୁ, ଅତି ସୁନ୍ଦର। କାନ୍ୟ କୁବ୍‌ଜରୁ ଏକ ସହସ୍ର ବ୍ରାହ୍ମଣ ନିମନ୍ତ୍ରିତ ହୋଇ ଆସିଥିଲେ। ବୈଦିକ ରୀତିରେ ରାଜାଙ୍କର ଅଭିଷେକ ଉତ୍ସବ ଅନୁଷ୍ଠିତ ହେଲା ଛାମୁ।

ନରସିଂହା - ତାଙ୍କ ଜ୍ୟେଷ୍ଠ ଭ୍ରାତା ହମ୍ବୀର ଥିଲେ ?

ନାରସା - ମନ୍ତ୍ରପାଠ ବେଳେ ସିଏ ହିଁ ଗଜପତି ମୁକୁଟ ତାଙ୍କ ଭ୍ରାତାଙ୍କ ମୁଣ୍ଡରେ ପିନ୍ଧାଇ ଦେଲେ ମହାରାଜ। ତା'ପରେ ସେ ଆମର ଏପଟକୁ ଚାଲି ଆସିଥିବେ।

ନରସିଂହା - କାନ୍ୟକୁବ୍‌ଜାରୁ ଆସିଥିବା ବ୍ରାହ୍ମଣମାନେ ?

ନାରସା - ସେମାନଙ୍କୁ ରାଜା ନିଷ୍କର ଜମି ଦାନ କରି, ଏକ ନୂତନ ଅଗ୍ରହାରରେ ସ୍ଥାପନ କଲେ। ଅଗ୍ରହାରର ନାମ ରହିଲା ବୀର ପୁରୁଷୋତ୍ତମପୁର ଶାସନ।

ନରସିଂହା - ପ୍ରଜାମାନେ ପୁରୁଷୋତ୍ତମଙ୍କୁ ରାଜା ରୂପେ ସ୍ୱୀକାର କଲେ ତ ?

ନାରସା - ସମଗ୍ର କଳିଙ୍ଗର ପ୍ରତ୍ୟେକ ମଣ୍ଡଳରୁ ପ୍ରଜାମାନେ ଆସିଥିଲେ ଛାମୁ। ଏକଲକ୍ଷ ପ୍ରଜା ହେବେ। ସମସ୍ତେ ପୁରୁଷୋତ୍ତମଙ୍କ ଜୟଗାନ କରୁଛନ୍ତି। ବଡ ଧାର୍ମିକ ରାଜା ଛାମୁଁ। ଆପଣଙ୍କୁ ଏ ଚିଟାଉ ଲେଖିଛନ୍ତି। (ପତ୍ର ନେଲେ। ନରସିଂହା ଖୋଲିଲେ)

ପୁରୁଷୋତ୍ତମଙ୍କ ସ୍ୱର- ଆପଣଙ୍କୁ ନିମନ୍ତ୍ରଣ ରହିଲା। ରଥଯାତ୍ରାକୁ ଦଶଦିନ ପାଇଁ ନିଶ୍ଚୟ ଆସିବେ। ଆମ ପୁରୀର ରଥଯାତ୍ରା ଦେଖିବା ପାଇଁ ସାରା ବିଶ୍ୱରୁ ଏକଲକ୍ଷ ପ୍ରଜା ଆସି ପହଁଞ୍ଚିବେ। ଏ ମହା ଅନୁଷ୍ଠାନରେ ଯୋଗଦାନ କଲେ କଳିଙ୍ଗ ରାଜା ନିଜକୁ ଧନ୍ୟ ମନେ କରିବେ।

ନରସିଂହା - ଠିକ୍ କଥା। କିନ୍ତୁ ଦଶଦିନ ଯାତ୍ରା ଆଉ ଯିବା ଆସିବା ହେଇ ପନ୍ଦର, କୋଡିଏ ଦିନ ଲାଗିବ। ମୁଁ ରାଜକାର୍ଯ୍ୟ

ଛାଡି ୧୫ଦିନ ବାହାରେ ରହିବା କ'ଣ ସମ୍ଭବ ହବ ମନ୍ତ୍ରୀବର? ତମେ ହିଁ ଯାଅ -ସାଙ୍ଗରେ ପଦ୍ମାବତୀକୁ ନେଇଯାଅ -କାହିଁ ପଦ୍ମା? କଟୁଆଳ, ଜେମା ପଦ୍ମାବତୀଙ୍କୁ ଖବର ଦିଅ।

କଟୁଆଳ - ଯଥା ଆଜ୍ଞା -(ପ୍ରସ୍ଥାନ, ପଦ୍ମାବତୀଙ୍କ ପ୍ରବେଶ)

ପଦ୍ମା - ମତେ ଡକେଇଲେ ପିତାଶ୍ରୀ ?

ନରସିଂହା - ହଁ , ମୁଁ କହୁଥିଲି -ପୁରୁଷୋତ୍ତମ ଦେବ କଳିଙ୍ଗର ରାଜା ରୂପେ ଅଭିଷିକ୍ତ ହେଲେ। ଆମକୁ ନିମନ୍ତ୍ରଣ ପଠେଇଛନ୍ତି। ରଥଯାତ୍ରା ଦେଖିବା ପାଇଁ। ତୁ ଯିବୁ ଯଦି ମହାମନ୍ତ୍ରୀଙ୍କ ସାଙ୍ଗରେ ଚାଲିଯା'।

ପଦ୍ମା - ନା ପିତାଶ୍ରୀ! ବିବାହ ପୂର୍ବରୁ ମୁଁ ସେଇଠିକି ଗଲେ ଆମ ବିଜୟନଗର ସାମ୍ରାଜ୍ୟର ସମ୍ମାନ ନଷ୍ଟ ହେବ। ମୁଁ ବରଂ ସଖୀ ସୂର୍ଯ୍ୟବାଳାକୁ ପଠାଉଛି।

ନରସିଂହା - ସୂର୍ଯ୍ୟବାଳା ?

ପଦ୍ମା - ମୋର ସଖୀ, ଉତ୍ତର କଙ୍ଗୋଦର ଝିଅ, ଓଡିଆ ଜାଣିଛି।

ନରସିଂହା - ଠିକ୍ ଅଛି । ତୋର ଯାହା ଦରକାର ମହାମନ୍ତ୍ରୀ ବୁଝିବେ। ମୁଁ ଦରବାର କୋଠରୀକୁ ଯାଉଛି। (ପ୍ରସ୍ଥାନ କଲେ)

ନାରସା - କୁହନ୍ତୁ ଜେମାମଣି। ମୁଁ କ'ଣ କରିବି ?

ପଦ୍ମା - ମୁଁ ସୂର୍ଯ୍ୟବାଳାକୁ ପଚାରି ଆପଣଙ୍କୁ କହୁଚି।

ନାରସା - ମୁଁ ଅପେକ୍ଷା କରିଛି। (ପ୍ରସ୍ଥାନ କଲେ)

ପଦ୍ମା - (ବଡ ପାଟିରେ ଡାକିଲେ) ସୂର୍ଯ୍ୟବାଳା।

(ପୁରୁଷ ପୋଷାକ ପିନ୍ଧି ପ୍ରବେଶ କଲା ସୂର୍ଯ୍ୟବାଳା। ମୁଣ୍ଡରେ ପଗଡି ନଥିଲା ବୋଲି ଜଣା ପଡୁଥିଲା ଝିଅ ବୋଲି)

ପଦ୍ମା	-	କିଲୋ, ତୁ କ'ଣ ପୁଅ ପୋଷାକ ପିନ୍ଧିଛୁ ? ଭଲ ହେଲା । ଏଇ ପୋଷାକ ପିନ୍ଧିକି ଯିବୁ ।
ସୂର୍ଯ୍ୟବାଲା	-	କୁଆଡେ ଯିବି ଜେମା ?
ପଦ୍ମା	-	ଆଲୋ ପୁରୀରୁ ଡାକରା ଆସିଛି, ରଥଯାତ୍ରା ଦେଖି ଯିବାକୁ । ହେଲେ ତାଙ୍କର ଦେଖା ନାହିଁକି ଖବର ନାହିଁ । ମୁଁ ତାଙ୍କର ମନରେ ଅଛି କି ନାଇଁ ସନ୍ଦେହ । କେବେ ଗୋଟେ ଦେଖା ହେଇଥିଲା ଜଙ୍ଗଲରେ । ମୁଁ କେମିତି ଚାଲିଯିବି ଏକଲା ? ମୁଁ ଯିବାଟା କ'ଣ ଦାଣ୍ଡକୁ ସୁନ୍ଦର ଦିଶିବ ? ତୁ ଯା' -ଆଉ ଏମିତି ପୁଅ ବେଶରେ ଯା' । ତୁ'ତ ଆମର ଉତ୍ତର କଂଗୋଦର ଝିଅ - ଓଡିଆ ଜାଣିଚୁ, ତେଲୁଗୁ ବି ଜାଣିଚୁ ।
ସୂର୍ଯ୍ୟବାଲା	-	ଜାଣିବିନି କେମିତି ଜେମାଦେଇ ? ତମର ମହାମନ୍ତ୍ରୀ ଅଛନ୍ତି ଯୋଉ ନାରସା ନାୟକ, ତାଙ୍କୁ ପରା ଆମ ବାପା ମଉସା ଡାକନ୍ତି ।
ପଦ୍ମା	-	ତା'ମାନେ ତୁ ମହାମନ୍ତ୍ରୀଙ୍କର ନାତୁଣୀ ? କାଇଁ ଆଗରୁ ତ କେବେ କହିନଥିଲୁ ?
ସୂର୍ଯ୍ୟବାଲା	-	ଆମର ଘର ବିଷୟରେ କହିବା ପାଇଁ ଲାଜ ମାଡେ ଜେମା । ମୁଁ ତ ସେଥିପାଇଁ ମହାମନ୍ତ୍ରୀଙ୍କ ସାମନାକୁ ଯାଏନି ।
ପଦ୍ମା	-	ଠିକ୍ ଅଛି । ତୁ ମହାମନ୍ତ୍ରୀଙ୍କ ସାମ୍ନାକୁ ନ'ଯା । ମୋ ପାଇଁ କିନ୍ତୁ ତତେ କଂଗୋଦ ଯିବାକୁ ପଡିବ । ତା ପୁଣି ଏ ପୁଅ ବେଶରେ ।
ସୂର୍ଯ୍ୟବାଲା	-	କୁହନ୍ତୁ ଜେମା ! କୁହନ୍ତୁ ମତେ କ'ଣ କରିବାକୁ ହେବ ?
ପଦ୍ମା	-	ପୁଅ ବେଶରେ ପୁରୀ ଯିବୁ । ଶ୍ରୀମନ୍ଦିର ଭିତରେ ପଶିବୁ । ମୋ ତରଫରୁ ଆଜ୍ଞାମାଳ ଲାଗି କରେଇବୁ ଠାକୁରଙ୍କ ପାଖରେ । ହଁ, ମହାପ୍ରଭୁଙ୍କଠାରୁ ଏମିତି ଆଜ୍ଞା ନବୁ, ଯେମିତି କଳିଙ୍ଗର ରାଜା ପୁରୁଷୋତ୍ତମ ମତେ ବିବାହ କରିବା ପାଇଁ ପାଗଳ ହେଇଯିବେ ।

ସୂର୍ଯ୍ୟବାଳା - କିନ୍ତୁ ଜେମାମଣି ! ଆଜ୍ଞାମାଳ ଖସେଇବା ମନ୍ତ୍ର ମୁଁ ତ ଜାଣିନାହିଁ । ଆମର ତ ଏଇଠି ଗଣପତି ମନ୍ଦିର, ଗଣନାଥଙ୍କ ପୂଜା ମନ୍ତ୍ର ଅଲଗା ।

ପଦ୍ମା - କିନ୍ତୁ ମୁଁ ଶୁଣିଛି ପ୍ରଭୁ ଜଗନ୍ନାଥଙ୍କ ମହିମା ଅପାର । ସେଇଠି ପୂଜା ଭୋଗ ଲଗେଇଲେ, ଆଜ୍ଞାମାଳ ଆଣିଲେ, ସବୁ ....ସବୁ ମାନେ ସବୁ ମନସ୍କାମନା ପୂର୍ଣ୍ଣ ହୁଏ ।

ସୂର୍ଯ୍ୟବାଳା - ଯିବି ଜେମାମଣି, ତମ ପାଇଁ ନିଶ୍ଚୟ ପୁରୀ ଯିବି । ସେଇଠି ସାମନ୍ତ ସିଂହାର ଘର ଆମର ମାମୁ ଲେଖା ହେବେ । ତାଙ୍କ ଘରେ ରହି ତମ କାମ କରିଦେଇ ଆସିବି ।

ପଦ୍ମା - ବେଶ୍. ତୁ ପୁରୀ ଯାଇ ଆଜ୍ଞାମାଳ ଖସେଇବା ମନ୍ତ୍ର ଯିଏ ଜାଣିଛନ୍ତି, ସେଇ ପଣ୍ଡାଙ୍କ ପାଖକୁ ଯିବୁ ।ମୁଁ ତତେ ଏକଶତ ରୌପ୍ୟ ମୁଦ୍ରା ଦଉଛି, ତାଙ୍କୁ ଦକ୍ଷିଣା ଦବୁ, ଆଉ ମୋ କାମ କରିଦେଲେ ଆସିବୁ, ହେଲା ?

ସୂର୍ଯବାଳା - ହେଲେ ଯେ, ଏବେତ ସ୍ନାନ ପୂର୍ଣ୍ଣିମା ଗଲା ଠାକୁର ଏବେ ଅଣସର ଘରେ । ଦର୍ଶନ ମିଳିବ ନାହିଁ ।ତା'ପରେ ରଥଯାତ୍ରା ଭିଡ ଯେ ଭିଡ... ଠାକୁର କାମ ହେଇପାରିବ ନାହିଁ ।

ପଦ୍ମା - ତା'ହେଲେ ମୁଁ କେମିତି ବଞ୍ଚିବି ଲୋ ସୂର୍ଯ୍ୟବାଳା ? ନୂଆକରି ରାଜ୍ୟଭାର ସମ୍ଭାଳୁଛନ୍ତି, ମୋ କଥା ନିଶ୍ଚୟ ଭୁଲିଯିବେ ।

ସୂର୍ଯ୍ୟବାଳା - ରଥଯାତ୍ରାକୁ ତ ଛାମୁ ମହାରାଜଙ୍କୁ ନିମନ୍ତ୍ରଣ କରିଛନ୍ତି ପୁରୀ ରଜା ମୁଁ କ'ଣ ତାଙ୍କ ରଥରେ ଯାଇପାରିବି ? ଅସମ୍ଭବ, ତେଣୁ ଯାହା ହବ ରଥଯାତ୍ରା ପରେ ।

ପଦ୍ମା - ମୁଁ ତା'ହେଲେ ଏ ସମ୍ପର୍କରେ ପିତାଶ୍ରୀଙ୍କ ସହ ପରାମର୍ଶ କରେ । ଆ' ମୋ ସାଙ୍ଗରେ ଆ' ପିତାଶ୍ରୀ ଚାହିଁଲେ ତୁ ନିରାପଦରେ ପୁରୀ ଯାଇପାରିବୁ ।

(ମଞ୍ଚ ଅନ୍ଧାର)

ଦଶମ ଦୃଶ୍ୟ

ରଥଯାତ୍ରାର ଦୃଶ୍ୟ। ପରଦାରେ ପ୍ରୋଜେକ୍ଟ ହବ। ଲୋକଗହଳି ପୂର୍ଣ୍ଣ ବଡଦାଣ୍ଡର ଦୃଶ୍ୟ ।ତା'ରି ଭିତରେ ପାଲିଙ୍କିରେ ଆସୁଛନ୍ତି ପୁରୁଷୋତ୍ତମ। ମଞ୍ଚ ଉପରେ ପାଲିଙ୍କିରୁ ଓହ୍ଲାଇଲେ ବୀର ପ୍ରତାର ପୁରୁଷୋତ୍ତମ। ବଡଠାକୁରଙ୍କ ଆଳତୀ କଲେ। ତା'ପରେ ଛେରାପହଁରା କରିବେ। ଯାରି ଭିତରେ ୧୬ଶ ଶତାବ୍ଦୀରେ କବି ପୁରୁଷୋତ୍ତମ ଦାସଙ୍କର କାଞ୍ଚିକାବେରୀ କାବ୍ୟରୁ ଗାୟନ / ପଠନ କରାଯିବ।

-ପାଠ-

ରଥ ଚାଳିବାକୁ ଯେ ଓଡିଶା ଗଜପତି
ଚଂଦନ ଛେରା ସୁନା ପହଁରା ଧରିଛନ୍ତି
ଦର୍ଶନ କରୁଛନ୍ତି କାଞ୍ଚିର ରାଜନ
ରଥପରେ ରାଜନୀତି କରେ ନୃପରାଣ।
ଦେଖିଲା ରଥ ଉପରେ ଗନ୍ଧ ଛେରା କରି
ପହଁରନ୍ତି ରାଜା ସୁନା ଖଡିକାହିଁ ଧରି।
କାଞ୍ଚିରାଜା ଦେଖି ତାହା ବିଚାରନ୍ତି ଚିତ୍ତେ
ନଜାଣି ମୁଁ ଦୁହିତାଟି ଦ୍ୟନ୍ତି ଅନିମିତ୍ତେ।

(ନୀରବତା, ସାଲ୍ୱା ନରସିଂହାଙ୍କ ସଂଳାପ)

ନରସିଂହା - ମନ୍ତ୍ରୀବର। ମୁଁ ଏ କ'ଣ ଦେଖୁଚି ? ଭାବିଥିଲି କଳିଙ୍ଗର ଓଡ଼୍ଡି ଗଜପତି ହାତରେ ତଲୱାର ଅଛି। କିନ୍ତୁ ....କିନ୍ତୁ ସିଏ କ'ଣ ଗୋଟେ ଛାଞ୍ଚୁଣି ଧରି... ରଥ ଚଟାଣ ସଫା କରୁଚି ?

ନାରସା - ସେଇଟା ଏମିତି ସେମିତି ଛାଞ୍ଚୁଣୀ ନୁହେଁ ଛାମୁଁ ! ସେଇଟା ସୁବର୍ଣ୍ଣ ଖଡିକା। କଳିଙ୍ଗରେ ଏଇଟାକୁ ଛେରାପହଁରା କୁହାଯାଏ।

ନରସିଂହା - ଓହୋ ! ଓଡିଆ ନ ବୁଝିଲେବି ମୁଁ କଥାଟା ବୁଝୁଚି ନାୟକେ ! ଏଇ କାମଟା ଆମ ବିଜୟ ନଗରର ଚାଣ୍ଡାଳମାନେ କରନ୍ତି। କିନ୍ତୁ କଳିଙ୍ଗାର ଗଜପତି କ'ଣ ଚାଣ୍ଡାଳ ?

ନାରସା - ଏତେ ବଡ କଥା ମୁଁ କେମିତି କହିବି ଛାମୁଁ ? ପୁରୀ ଜଗନ୍ନାଥ ଧାମରେ ଇଏ ଯୋଉ କର୍ମକାଣ୍ଡ... ଯା'କୁ ଛେରା ପହଁରା କୁହାଯାଏ... ମୁଁ ତା'ହେଲେ ଗଜପତି ମହାରାଜାଙ୍କୁ ହିଁ ଏ ପ୍ରଶ୍ନ ପଚାରୁଚି ।

ନରସିଂହା - ପଚାର ନାୟକେ ! ତାଙ୍କୁ ହିଁ ପଚାର । (ଅଟକି ଯାଇଥିବା ପୁରୁଷୋତ୍ତମ ପାଖକୁ ଆସିଲେ)

ପୁରୁ - କ'ଣ ହେଇଛି ମନ୍ତ୍ରୀବର ? କାଞ୍ଚି ରାଜା କ'ଣ ମତେ ଦେଖି ମୁହଁ ଫେରାଇ ନେଲେ ।

କଳିଙ୍ଗ ମନ୍ତ୍ରୀ - ମୁଁ ପଚାରି ବୁଝୁଚି ।

ପୁରୁ - ନା, ମୁଁ ପଚାରୁଛି । କାଞ୍ଚି ରାଜାଙ୍କର କ'ଣ କିଛି ଅସୁବିଧା ହେଲା ? ମାନେ, ଅତିଥି ଚର୍ଚ୍ଚାରେ କ'ଣ କିଛି ତ୍ରୁଟି ହେଲା ମହାରାଜ ? କଳିଙ୍ଗ ଅତିଥିମାନଙ୍କୁ ସମ୍ମାନ ଦେବାରେ ପ୍ରଥମ । କୁହନ୍ତୁ ... କ'ଣ କିଛି ଅସୁବିଧା ହେଲା ?

ସାଲ୍ୱା - ହେଇଚି କଳିଙ୍ଗ ରାଜା ! ଆପଣ ଗୋଟାଏ ପଟେ ନିଜକୁ ନବକୋଟି କର୍ଣ୍ଣାଟ ଉତ୍କଳ କଳବର୍ଗେଶ୍ୱର କହି ନିଜର ଡିଣ୍ଡିମ ପିଟୁଛନ୍ତି, ଏଣେ ଦେଖିଲା ବେଳକୁ ଚଣ୍ଡାଳ ଭଳି ଗୋଟେ ଖଡିକା ଧରି ରଥ ପହଁରୁଛନ୍ତି ? ଏମିତି କରି ଆପଣ ଆମମାନଙ୍କୁ ଧୋକା ଦେଉଛନ୍ତି ।

ପୁରୁ - ଧୋକା ନୁହେଁ । ଏଇଟା ଶ୍ରୀକ୍ଷେତ୍ରର ମହାତ୍ମ୍ୟ ମହାରାଜ ! ଏ କ୍ଷେତ୍ରରେ ଜନ୍ମ ନେଲେ, ଏ କ୍ଷେତ୍ରର ସିଂହାସନ ଆରୋହଣ କଲେ, ଚଣ୍ଡାଳ ହେଇ ପ୍ରଭୁଙ୍କର ସେବା କରିବାକୁ ସୁଯୋଗ ମିଳୁଛି ।

ନରସିଂହା - କୋଉ ସେବା ? କୋଉ ସେବା କଥା କହୁଛନ୍ତି ଆପଣ ? ଗଜପତି ମହାରାଜା ପୁଣି କାହାର ସେବା କରୁଛନ୍ତି ?

ପୁରୁ - କାହାର ସେବା କରୁଛନ୍ତି- ଏ ଯାଏଁ ବୁଝିପାରୁନାହାନ୍ତି ?

ନରସିଂହା - ଏଇଟା ଚଣ୍ଡାଳମାନଙ୍କର ସେବା ପୁରୁଷୋତ୍ତମ । ରାଜାର କର୍ତ୍ତବ୍ୟ ନୁହେଁ । ମତେ କୁହନ୍ତୁ ଗଜପତି, କୁହନ୍ତୁ ପ୍ରଥମେ ଆପଣ ରାଜା, ନା ସେବକ ?

ପୁରୁ - (ମୁଣ୍ଡପାତି) ମୁଁ ସେବକ ହେ କାଞ୍ଚି ନରପତି । ଜଗନ୍ନାଥଙ୍କର ମୁଁ କେବଳ ସେବକ । ମହାରାଜାମାନଙ୍କର ମହାରାଜା ଯୋଡ ବଳିୟାରଭୂଜ ଜଗନ୍ନାଥ ଉଭା ହେଇଛନ୍ତି ରଥରେ, ମୁଁ ତାଙ୍କର ସେବକ ହେବାର ସୌଭାଗ୍ୟ ପାଇଛି ନରସିଂହା ଦେବା... ସେଇଟା ହିଁ ମୋର ଗର୍ବ । ଜଗନ୍ନାଥ ସେବା ହିଁ କଳିଙ୍ଗ ଅଧିପତିର ପରମ୍ପରା ।

ନରସିଂହା - ପରମ୍ପରା ? ଏଇଟା ଗଜପତି ରାଜାର ପରମ୍ପରା ? ଏଁ (ଖୁବ୍ ଜୋରରେ ତାଚ୍ଛଲ୍ୟ କରି ହସିଲେ) ତା'ହେଲେ ତମେ ଗଜପତି ନୁହଁ ପୁରୁଷୋତ୍ତମ ? ଚଣ୍ଡାଳ ରାଜା, ଆଉ........ଗୋଟାଏ ଚଣ୍ଡାଳ ହାତରେ ମୋ କନ୍ୟାକୁ ସମର୍ପି ଦେବାପାଇଁ ମୁଁ ବାଧ ନୁହେଁ ।

ପୁରୁ - (କଠିନ ସ୍ୱରରେ) ବାଧ । ଆପଣ ପଦ୍ମାବତୀକୁ ମୋ ସାଙ୍ଗରେ ବାହା ଦେବା ପାଇଁ ବାଧ । ଆମେ ଅନେକ ଆଗରୁ ମାଳା ବଦଳ କରିଦେଇ ସାରିଛୁ ।

ନରସିଂହା - ସେଇଟା ମୋ ଜ୍ଞାତସାରରେ ହୋଇନାହିଁ ପୁରୁଷୋତ୍ତମ । ଏବେ ଏସବୁ ଦେଖିଲା ପରେ ଗୋଟାଏ ଚଣ୍ଡାଳ ହାତରେ ରାଜକନ୍ୟା ପଦ୍ମାବତୀକୁ ମୁଁ ଟେକି ଦେଇପାରିବି ନାହିଁ ।

ପୁରୁ - ତା'ହେଲେ ତମ କନ୍ୟାକୁ ମୁଁ ଜବରଦସ୍ତ ଉଠାଇ ଆଣି ବିବାହ କରିବି ।

ନରସିଂହା - ଯୁଦ୍ଧ ହବ ! ରକ୍ତପାତ ହବ ! ହେଲେ ପଦ୍ମାବତୀ ଗୋଟାଏ ଚାଣ୍ଡାଳ ଓଡ଼ିର ପତ୍ନୀ ହେଇପାରିବ ନାହିଁ ପୁରୁଷୋତ୍ତମ । ବର୍ତ୍ତମାନ ମୁଁ ଯିବି । ଦରକାର ନାହିଁ ତମର ଆତିଥ୍ୟ । ଗୋଟାଏ ଚାଣ୍ଡାଲ୍ ରାଜାର ଅତିଥି ହେଇ ଆସିଥିବାରୁ ମୁଁ ଲଜ୍ଜିତ । ଆସ ମନ୍ତ୍ରୀ ! ବର୍ତ୍ତମାନ .....ଏଇ ମୁହୂର୍ତ୍ତରେ....

(ମଞ୍ଚ ଅନ୍ଧାର । ବାଜିଲା ଯୁଦ୍ଧ ବାଜା.... ଷ୍ଟ୍ରୋବ୍ ଆଲୁଅରେ ଯୁଦ୍ଧ ଓ ପୁରୁଷୋତ୍ତମଙ୍କ ପରାଜୟ) (ସମସ୍ତଙ୍କର ପ୍ରସ୍ଥାନ)

(ଏଇଠି ଗୋଟିଏ ଯୁଦ୍ଧର ଦୃଶ୍ୟ ନିର୍ମାଣ କରାଯିବ । ପୁରୁଷୋତ୍ତମ କାଞ୍ଚି ଆକ୍ରମଣ କରି ପରାଜୟ ବରଣ କଲେ ।)

ଏକାଦଶ ଦୃଶ୍ୟ

ଜଗନ୍ନାଥ, ବଳଭଦ୍ର ଓ ସୁଭଦ୍ରା। ଶ୍ରୀମନ୍ଦିର। ପୁରୁଷୋତ୍ତମ ସାଷ୍ଟାମ ହୋଇ ଜଗନ୍ନାଥଙ୍କ ପାଖରେ ପଡିଛନ୍ତି। ପୁରୁଷ କଣ୍ଠରେ ଜଗନ୍ନାଥାଷ୍ଟକର ଧାଡିଏ ଶୁଭୁଛି।

ଗୀତ -

କଦାଚିତ୍ କାଳିନ୍ଦୀତଟ ବିପିନ ସଂଗୀତ କବରୋ
ମୁଦାଭିରୀ ନାରୀ ବଦନ କମଳାସ୍ୱାଦ ମଧୁପ।
ରମା ଶମ୍ଭୁ ବ୍ରହ୍ମା ସୁରପତି ଗଣେଶାର୍ଚ୍ଚିତ ପଦୋ
ଜଗନ୍ନାଥ ସ୍ୱାମୀ ନୟନ ପଥଗାମୀ ଭବ ତୁମେ।

(ଆବହ ସଂଗୀତ ଓ ଆଲୋକର ଯାଦୁ ସ୍ପର୍ଶରେ ପ୍ରକଟ ହେଲେ ଜଗନ୍ନାଥ)

ଜଗନ୍ନାଥ - ଉଠ ପୁରୁଷୋତ୍ତମ। ଦୁଇଦିନ ହେଲା ଅଖିଆ ଅପିଆ ଏଇଠି ଗୁହାରିଆ ପଡିଛୁ। ଆଉ ତୋ' ପାଇଁ ମୁଁ ମଧ ମଣୋହି କରିନାହିଁ। ଉଠ, ଚତୁର୍ମାସ୍ୟା ସରିଲେ ପୁଣିଥରେ କାଞ୍ଚି ଅଭିଯାନକୁ ବାହାରିବା ପାଇଁ ସଜ ହୁଅ। (ଉଠିଲେ ପୁରୁଷୋତ୍ତମ)

ପୁରୁଷୋତ୍ତମ - ଆପଣ ଥାଉ ଥାଉ ମୁଁ ପରାଜୟ ସ୍ୱୀକାର କରିସାରିଲାଣି ମହାପ୍ରଭୁ। ସମସ୍ତେ କହୁଛନ୍ତି, ନିଜର ସ୍ୱାର୍ଥ ପାଇଁ ପୁରୁଷୋତ୍ତମ ଯୁଦ୍ଧ କରିବାକୁ କାଞ୍ଚି ଯାଇଥିଲା। ପରାସ୍ତ ହେଇ ଅନ୍ନ ତ୍ୟାଗ କରି ଅଧିଆ ପଡିଛି। (ଆବହ ସଂଗୀତ) ଆପଣ... ଆପଣ ହିଁ କୁହନ୍ତୁ ସ୍ୱାମୀ! ଏ ପରାଜୟ କ'ଣ ଖାଲି ପୁରୁଷୋତ୍ତମର ? କଳିଙ୍ଗର ନୁହେଁ କୁହ ପ୍ରଭୁ ? କୁହ, ଏ ପରାଜୟ କ'ଣ ତମର ନୁହେଁ? (ଆବହ ସଂଗୀତ)

ଜଗନ୍ନାଥ - ଶୁଣ ପୁରୁଷୋତ୍ତମ। ଚତୁର୍ମାସ୍ୟା ପରେ ପୁଣି ଯୁଦ୍ଧକୁ ବାହାରିବୁ। ତୋ ମନସ୍କାମନା ପୂର୍ଣ୍ଣ ହେବରେ ପୁରୁଷୋତ୍ତମ। ଏବେ ମୋର ପ୍ରସାଦ ଗଣ୍ଡିଏ ଖାଇ କ୍ଷୁଧା ପ୍ରଶମନ କର। (ଅନ୍ଧାର ! ବୀରବାଜା ବାଜିଲା) ଅନ୍ଧାରରେ ବଡପଣ୍ଡାଙ୍କର ଡାକ ଶୁଭିଲା:

ଆହେ ମହାବାହୁ! ଆହେ ବଳୀୟାର ଭୁଜ ! ଗଜପତି ଶ୍ରୀ ଶ୍ରୀ ଶ୍ରୀ ପୁରୁଷୋତ୍ତମ ଦେବ ମହାରାଜଙ୍କ ଗୁହାରି ଶୁଣିବାକୁ ଅବଧାନ ହେଉ ମଣିମା ।

(ବଡ ପଣ୍ଡା ଆଳତୀ ଆରମ୍ଭ କଲେ । ତିନିଥର ଆରତି ବୁଲାଣି ପରେ ବଡପଣ୍ଡା ମହାରାଜ ପାଖକୁ ଆସି ଆରତି କାଠି ଦେଖାଇଲେ । ତୁଳସୀ ପ୍ରସାଦ ଦେଲେ । ମହାରାଜା ପୁଣିଥରେ ଭୂମିଷ୍ଠ ପ୍ରଣାମ କଲେ । କାହାଳୀ ତିନିଥର ବାଜିଲା)

ବଡପଣ୍ଡା – ଶ୍ରୀ ଶ୍ରୀ ଶ୍ରୀ ପୁରୁଷୋତ୍ତମ ଦେବ ମହାରାଜାଙ୍କ ଗୁହାରୀ ଶୁଣିବାକୁ ଅବଧାନ ହେଉ ମଣିମା ! (ଜଗନ୍ନାଥଙ୍କ ଆଜ୍ଞାମାଳ ଖସିଲା । ସମସ୍ତେ ହରିବୋଲ ଡାକଦେଲେ । ତିନିଥର । ବଡପଣ୍ଡା ଛଡା ହାରଟି ଆଣି ମହାରାଜାଙ୍କ ଗଳାରେ ପିନ୍ଧାଇଲେ ।)

ପୁରୁଷୋତ୍ତମ – ଅପୂର୍ବ ସୁଗନ୍ଧି, ଆଶୀର୍ବାଦ କର ପ୍ରଭୁ ! ପୁରୁ ମନୋରଥ । ପୂର୍ଣ୍ଣ ହେଉ, ଯଶ ରହୁ ହେ ଶରଣ ପଞ୍ଜର ମହାବାହୁ! କଳିଙ୍ଗର ମର୍ଯ୍ୟାଦା ଅକ୍ଷୁର୍ଣ୍ଣ ରହୁ । (ଭୂମିଷ୍ଠ ପ୍ରଣାମ କଲେ ରାଜା । ପୁଣି ୩ଥର କାହାଳୀ ବାଜିଲା ଓ ପୁରୁଷ ବେଶରେ ପ୍ରବେଶ କଲା ପଦ୍ମାବତୀର ସଖୀ ସୂର୍ଯ୍ୟବାଳା । ପଦ୍ମାବତୀ ଦେଇଥିବା ମାଳାଟି ଜଗନ୍ନାଥଙ୍କୁ ଦିଆଗଲା । ମାଳଟି ପୁଣି ଖସିଲା, ଆଳତି ଶେଷ ପରେ)

ସୂର୍ଯ୍ୟବାଳା – (କାନ୍ଦି କାନ୍ଦି) ହେ ଚଣ୍ଡାଳର ପ୍ରଭୁ! ହେ ପତିତପାବନ ଜଗନ୍ନାଥ ! ବିଜୟନଗର ରାଜଜେମା ଏ ମାଳ ପଠେଇଛି ପ୍ରଭୁ! ଚଣ୍ଡ କର, (ପୁଣି ମାଳା ଖସିଲା) ପ୍ରଭୁ ! ପ୍ରଭୁ! ଏ କ'ଣ ତମର ଆଶୀର୍ବାଦ ? ଏ କ'ଣ ତୁମରି ନିର୍ଦ୍ଦେଶ ? ତୁମରି ଆଜ୍ଞା ଧାର୍ଯ୍ୟ ହେଉ ପ୍ରଭୁ! ତମରି ଇଛା ! (ସୂର୍ଯ୍ୟବାଳା ଖୁସି ହୋଇ ଲୁଚି ଲୁଚି ଫେରି ଯାଉଥିଲାବେଳେ ବଡପଣ୍ଡାଙ୍କ ହାବୁଡରେ ପଡିଯାଇଛି)

ବଡପଣ୍ଡା – ଆରେ.... ଆରେ.... ଆରିଆ'ମା' ମରୁ ? ଚୋର ମାର୍ଗେ କୁଆଡେ ଧପାଳିଚୁ ବେ ? କିଏ ତୁ ?

ସୂର୍ଯ୍ୟବାଳା - ମୁଁ ଜଣେ ବିଦେଶୀ, କାଞ୍ଚିରୁ ଆଇଚି। କାଞ୍ଚି ଦେଶରୁ।

ବଡପଣ୍ଡା - ହାଁ! ସେୟା କହୁନୁ? ତୋ ଚାଲି ପାହୁଲରୁ ଠଉର କଲି, କାହା ଯାତ୍ରୀ ?

ସୂର୍ଯ୍ୟବାଳା - ମହାସୁଆରଙ୍କର।

ବଡପଣ୍ଡା - ହଉ, ହଉ ମାହାର୍ଦ୍ଧ କଣିକାଏ ଧ', (ପ୍ରସାଦ ଦେଲେ। ସୂର୍ଯ୍ୟବାଳା ପ୍ରସାଦ ମୁଣ୍ଡରେ ଲଗେଇ ଖାଇଲା। ଖାଇଥା' ଖାଇଥା' ବେହିପୋ' କାଞ୍ଚିରୁ ଆଇଚୁ... ଆରେ ଚରଣେ ପାଇଲେ ଯେତେ ଭରଣେ ପାଇଲେ ସେତେ... ପକେଇ ଥା' ତୁଣ୍ଡରେ ପକେଇ ଥା' । ଦରଶନ କଲୁଣି ? ବଇକୁଣ୍ଠ, ମୁକ୍ତି ମଣ୍ଡପ.... ସତ୍ୟନାରାୟଣ- ମୁଣ୍ଡିଏ ମୁଣ୍ଡିଏ ପିଣ୍ଡିକା ଚଢାଇ ଗାଁକୁ ଯା' ବେହିପୋ, ସପ୍ତ ପୁରୁଷ ଉଦ୍ଧାର ହେଇଯିବେ। (ପ୍ରବେଶ କଲା ଜଣେ ସୁଆର ଟୋକା)

ସୂର୍ଯ୍ୟବାଳା - ତମେ କିଏ ଆଜ୍ଞା ?

ସୁଆର - ଆମେ ଚମ୍ପାଗଡ ଯେଗା ସୁଆର ପିଲା। ଆରେ ଠାକୁରଙ୍କୁ ମଣୋହି କରାଉ ଆମେ... ପହୁଡ ପକାଉ ଆମେ... ଆମ ହାତରୁ ଖାଇ ବେହିପୋ ' ବଇକୁଣ୍ଠ ଯା'। (ଉଭୟେ ଗଲେ। ମଞ୍ଚ ଅନ୍ଧାର। ବାଜିଲା ଯୁଦ୍ଧ ବାଜା। ଶୁଭିଲା ଏକାଧିକ ଘୋଡା ଟାପୁ ଶବ୍ଦ। ଯୁଦ୍ଧଯାତ୍ରା ଯଦି ଦେଖେଇ ହବ ଭଲ।)

(ମଞ୍ଚ ଅନ୍ଧାର)

ଦ୍ୱାଦଶ ଦୃଶ୍ୟ

ରାଜପଥ। ୨୦/୨୨ ବର୍ଷର ଅପୂର୍ବ ସୁନ୍ଦରୀ ଗୋପାଳୁଣୀ ମାଣିକ ଦହି ବିକୁଛି।

ମାଣିକର ଗୀତ

ଦହିବାଲୀ ଆଣିଚି ମୁଁ ଦହି ଗୋ'
ଏ ଖରାକୁ ଘୋଳ ଦହି ପିଇ ଗୋ'
(କହି କହି ବିକ୍ରୀ କରିବ)
ଜାଣେନା ମୁଁ ଆଜି ଏଇ ବାଟ ମୋର
କେଉଁଠି ଯେ ହେବ ଶେଷ
ହଜାରେ ପାଇକ ଯାଉଛନ୍ତି କାହିଁ
କା'ଉପରେ କରି ରୋଷ ?
ଦହିବାଲୀ ଆଣିଚି ମୁଁ ଦହି ଗୋ'
ପାଇକ ପୁଅ ଯାଅ ପିଇ ଗୋ'
ଜାଣେନା ମୁଁ ଆଜି ଏ ଆଖିରେ
ଦେଖୁଚି କି ଦୁରୁଶ୍ୟ
ଘୋଡାରେ ବସିଣ ହଜାରେ ପାଇକ
ଯାଉଛନ୍ତି କେଉଁ ଦେଶ ?
ହାତେ ଧରି ତରବାରୀ ଫୁଟାଇ ତୋପ କମାଣି
ଯୁଦ୍ଧ ପାଇଁ ସଜ ବେଶ ।।୦।।

(ଗୀତ / ନାଚ ସରିଲାବେଳକୁ ମାଣିକ ଆଗରେ ଅଟକିଲା ଦୁଇଟି ଘୋଡା ଓ ତା' ଉପରେ ବସିଥିବା ପାଇକ ଦୁଇଜଣ ଓହ୍ଲେଇ ପଡିଲେ। ଜଣେ କଳାଘୋଡାରେ ଓ ଅନ୍ୟ ଜଣେ ଧଳା ଘୋଡାରେ ବସିଥିଲେ। କଳା ଘୋଡାରେ ଧଳା ପାଇକ ଓ ଧଳା ଘୋଡାରେ କଳା ପାଇକ ବସିବେ)

ଧଳା ପାଇକ - କିଏ କିଲୋ ତୁ' ଆମକୁ ଅଟକାଇଲୁ କାହିଁକି ?

କଳା ପାଇକ - ଆମକୁ ବହୁତ ବାଟ ଯିବାର ଅଛି।

ମାଣିକ - କଣ ଏ ଡହକ ଖରାରେ ତମକୁ ଶୋଷ ହଉନି ? ମୋର ଛେନା, ଖୁଆ ମିଶା ଦହି ପିଇଲେ ତାଜା ହେଇଯିବ। ପିଇବ ?

କଳାପାଇକ - ଦେ' । ଛେନା, ଖୁଆ ମିଶା ଦହି ବିକୁଚୁ, ତୁ କିଏ କିଲୋ ?

ମାଣିକ - ମୁଁ ବାବୁ ଦ୍ୱାପର ଯୁଗରେ ରାଧା ଗଉଡୁଣୀ ଥିଲି । ପ୍ରତିଦିନ ଶ୍ରୀକୃଷ୍ଣଙ୍କୁ ଦହି ପିଆଉଥିଲି । ଏବେ କଳିଯୁଗରେ ମୁଁ ମାଣିକି...ମାଣିକି ଗଉଡୁଣୀ... ହେଇ ଏ ଦାଣ୍ଡ ଉପରେ ଦହି ବିକୁଛି । ହେଇ... ସେଇ ଯୋଉ ବଡ ବାନାଟା ଉଡୁଛି, ତାକୁ ଚାହିଁ ଦହି ବିକିବାକୁ ବାହାରିଥିଲି । ଭାବିଥିଲି ଜଗନ୍ନାଥ, ବଳଭଦ୍ର ଦେଖାଦେବେ ।

ଧଳା ପାଇକ - ଦେଖା ଦେଲେ ?

ମାଣିକ - କଳିଯୁଗ ପରା ! ତାଙ୍କର ଦେଖା ମିଳିବ କୁଆଡୁ ? ଦେବି ବାବୁ, ଦହି ପିଇବ ?

କଳା ପାଇକ - ଦେ' ।

(ଦହି ଦେଇଛି । ଧଳା ପାଇକ ଓ କଳା ପାଇକ ସବୁ ଦହି ପିଇଦେଲେ । ପିଇଦେଇ ଯାଉଥିଲେ)

ମାଣିକ - କଉଡି ?

କଳାପାଇକ - କଉଡି ଦବାକୁ ପଡିବ ? ଆଲୋ ପଇସା ତ ନାହିଁ । (ହାତରୁ ମୁଦିଟେ କାଢି) ଏ ମୁଦିଟା ରଖିଥା' । ବନ୍ଧକ ରହିଲା ।

ମାଣିକ - ଏ ମା ! ମୁଁ ଖାଇବି କିସ ? ଏଇଟା ଦେଲେ କ'ଣ ଦୋକାନୀ ସଉଦା ଦବ ? ତମେ ଯୁଆଡେ ଯାଉଚ ମତେ ନେଇ ଯାଅ ବାବୁ । ଯୋଉଠି କଉଡି ମିଳିବ ମୁଁ ସେଇଠିକି ଯିବି ।

କଳାପାଇକ - ଦେଖ, ଆମ ପଛେ ପଛେ ଆମ ରାଉତ ଆସୁଛନ୍ତି । ତାଙ୍କୁ ଏ ମୁଦିଟା ଦେଖେଇଲେ ସିଏ ପଇସା ଦେବେ । ତାଙ୍କ ପାଖରେ ବହୁତ ପଇସା ବୁଝିଲୁ ? (ଏହା କହି ଚାଲିଗଲେ)

ମାଣିକ - (ମୁଦିଟି ଧରି) ହେ ପ୍ରଭୁ ଜଗନ୍ନାଥ ! ତମେ ହିଁ ଭରସା ।

(ପାଇକ ଦି'ଜଣ ଚାଲିଗଲେ ଓ ପ୍ରବେଶ କଲେ ପୁରୁଷୋତ୍ତମ । ମାଣିକ ତାଙ୍କୁ ଅଟକେଇଲା)

(ମୁଦି ଦେଇ) ହେଇତି ବାବୁ! ତମ ପାଇକ କହିଲେ ଏଇଟା ଦେଖେଇଲେ ତମେ ପଇସା ଦବ।

(ପୁରୁଷୋତ୍ତମ ମୁଦିଟି ନେଇ ଦେଖିଲେ)

ପୁରୁଷୋତ୍ତମ - କୋଉ ପାଇକ ?

ମାଣିକ - ଦି'ଜଣ ପାଇକ। ଜଣେ କଳା ଘୋଡାରେ, ଆଉ ଜଣେ ଧଳା ଘୋଡାରେ ବାବୁ। ମୋଠୁ ଦହି ପିଇଲେ, ପିଇଲେ କ'ଣ, ମୋ ହାଣ୍ଡିଟା ଯାକ ଦହି ପିଇଗଲେ। ମୁଁ ପଇସା କଉଡି ମାଗିବାରୁ କହିଲେ, ଏଇ ମୁଦିଟା ଦେଖେଇବୁ ଆମ ରାଉତ ପଛରେ ଆସୁଛନ୍ତି, ସିଏ ପଇସା ଦେବେ। (ଆବହ ସଂଗୀତ)

ପୁରୁଷୋତ୍ତମ - (ମୁଦିଟି ପରୀକ୍ଷା କରି) କିଲୋ ଏଥିରେ କଣ ହୀରା, ମୋତି, ମାଣିକ୍ୟ ନବରତ୍ନ ଲାଗିଛି ?ଆଲୋ ଏଇଟା ତ ଠାକୁରଙ୍କର। ଆମ କଳା ଠାକୁରଙ୍କର ।

ମାଣିକ - କୋଉ କଳାଠାକୁର ମୁଁ ଜାଣେ ବାବୁ? ମୋର ହାଣ୍ଡିକ ଯାକ ଦହି ସେଥିରେ ପୁଣି ଯେତେକ ଛେନା, ଖୁଆ, ଆଉ ମାଲପୁଆ -ସବୁ ଖାଇ ସଫା କରିଦେଲେ। ମୁଁ ଏବେ କରିବି କ'ଣ ? ତମେ ପଇସା ନଦେଲେ ମୁଁ ଘରକୁ ଯାଇ ଶାଶୁ, ଶ୍ୱଶୁରଙ୍କୁ କିସ କହିବି ? ଦେଖ ମାହାପ୍ରୁ! ଏ ମାଣିକ ଗଉଡୁଣୀକି ମାଡ ଖୁଆଅ ନାହିଁ। ଯାହା ପଇସା ଅଛି ଦେଇଦିଅ।

ପୁରୁଷୋତ୍ତମ - ଦେବିଲୋ, ନିଶ୍ଚୟ ଦେବି। ଯେତେ ପଇସା ମାଗିବୁ ତା'ର ଦି'ଗୁଣ ଦେବି। ମତେ ଖାଲି କହ, ସେ ଦି' ଭାଇ କିଏ ?

ମାଣିକ - କହିଲି ପରା ବାବୁ! କଳା ଗୋରା ଦି'ଭାଇ ... କଳା ଧଳା ଦି'ଘୋଡା। ଗୋଟେ ଥରକେ ମୁହଁ ଲଗେଇ ହାଣ୍ଡିଟା ଯାକ ଦହି ପିଇଦେଲେ। ବାବୁ... ଭାରି ଶୋଷ ହଉଥିଲା ପାଇକ

ଦି'ଜଣଙ୍କୁ... ଆଉ... ଆଉ... ତାଙ୍କ ମୁହଁରୁ ଗୋଟେ ଆଲୁଅ ପରି କ'ଣ ଗୋଟେ ବାହାରୁଥିଲା।

ପୁରୁଷୋତ୍ତମ - (ବିହ୍ୱଳ ହୋଇ) ହେ ପ୍ରଭୁ ! ଇଏ କି ଲୀଳା ହେ ଲୀଳାମୟ ! ତମର ଯେ କି ଲୀଳା ।

ମାଣିକ - ଇଏ କ'ଣ କହୁଛନ୍ତି ଅବଧାନ ? କି ଲୀଳା ? ଲୀଳା ତ ଦ୍ୱାପର ଯୁଗରେ ହଉଥିଲା ସାଆନ୍ତେ ! ଦ୍ୱାପର ଯୁଗରେ... ମୁଁ ଯେତେବେଳେ ରାଧା ଗୋପାଲୁଣୀ ହେଇ ଦହି ବିକୁଥିଲି। ଏବେ କି ଲୀଳା ହବ... ? କଳି ଯୁଗଟାରେ... ? ପଥରରେ ମୁଣ୍ଡ ବାଡେଇ ବାଡେଇ ମୁଣ୍ଡ ଫାଟିଯିବ ସିନା, ଜଗନ୍ନାଥ, ବଳଭଦ୍ରଙ୍କର ଦେଖା କ'ଣ ମିଳିବ ?

ପୁରୁଷୋତ୍ତମ - ମିଳିଚି ଲୋ ମାଣିକ। ଜଗନ୍ନାଥେ ତୋ ଡାକ ଶୁଣିଛନ୍ତି।

ମାଣିକ - ଏଁ ? ଜଗନ୍ନାଥେ ? (ହସିଲା) କାଇଁ ? ଜଗନ୍ନାଥ କାହାନ୍ତି ?

ପୁରୁଷୋତ୍ତମ - ଆଲୋ ତୁ ଧନ୍ୟ ହେଇଗଲୁ ଲୋ ମାଣିକୀ। ପ୍ରଭୁ ନିଜେ ଆସି ତୋ ଦହି ପିଇଛନ୍ତ। ମୁଁ ତୋ ଦହି ହାଣ୍ଡିକି ମୁଣ୍ଡିଆମାରୁଚି ଲୋ ମାଣିକ.. ତୋ ହାତକୁ ମୁଣ୍ଡିଆ ମାରୁଚି ଲୋ'... ମୁଣ୍ଡିଆ ମାରୁଚି ଏ ମୁଦିଟାକୁ! ହେ ପ୍ରଭୁ!

ମାଣିକ - ସାଆ୍ନ୍ତେ ! ଇଏ କଣ କହୁଛନ୍ତି ? ମୁଁ ଛାର ହୀନ ଗଉଡୁଣୀଟା।

ପୁରୁଷୋତ୍ତମ - ନାଇଁଲୋ ମାଣିକୀ... ତୋ ଦେହରେ ଠାକୁରଙ୍କ ଅଂଶ ଅଛିଲୋ... ସ୍ୱୟଂ ଜଗନ୍ନାଥ, ବଳଭଦ୍ର ଆସି ତୋ ଦହିଛେନା ଖାଇଛନ୍ତି। ଆଲୋ ବୋକିଟା ପରି କଣ ଚାହିଁଛୁ ? ଏ ମୁଦିଟା ଠାକୁରଙ୍କର।

ମାଣିକ - ତା'ହେଲେ ମୋ ପଇସାଟା ଦେଇଦିଅ... ଠାକୁର କ'ଣ ପଇସା ଦେବେ ?

ପୁରୁଷୋତ୍ତମ - ଆଲୋ ପଇସା କ'ଣ ଦେବି ? ତୋ ନାଁରେ ଏ ଗାଁଟା ଲେଖିଦଉଛି । ଏ ଗାଁର ନାଁ ଆଜିଠୁ ହବ ମାଣିକ ପାଟଣା.. ତୁ ହବୁ ଏ ଗାଁର ରାଣୀଲୋ... ଏକଥା ମୁଁ କହୁଚି... ମୁଁ କଳିଙ୍ଗର ରାଜା ବୀର ପ୍ରତାପ ପୁରୁଷୋତ୍ତମ ଦେବ କହୁଚିଲୋ। ଆଜିଠୁ ତୁ ଏ ଗାଁର ରାଣୀ.... ।

ମାଣିକ - ବାବୁ ମୁଁ ନେହୁରା ହେଇ କହିଲି- "ମତେ ଘୋଡାରେ ବସେଇ ନେଇଯାଅ" ହସିଲେ ସାଆନ୍ତେ ...ନେଲେ ନାହିଁ। କହିଲେ, କର୍ଣ୍ଣାଟ ଦେଶକୁ ଯିବୁ କାହିଁକି ?

ପୁରୁଷୋତ୍ତମ - ତୋ ପାଇଁ ମୋର ସବୁ ରିଷ୍ଟ ଖଣ୍ଡନ ହେଇଗଲା ଲୋ ମାଣିକୀ । ଆମେ କାଞ୍ଚି ଅଭିଯାନରେ ବାହାରିଥିଲୁ। ତୋଠୁ ଖବର ପାଇ ଜଣାପଡିଲା, ଠାକୁରେ ସ୍ୱୟଂ ଆମ ସାଙ୍ଗରେ ଅଛନ୍ତି।

ମାଣିକ - ତା'ମାନେ ଗଡ ଜିତିବେ ସାଆନ୍ତେ... କଳିଙ୍ଗର ନାଁ ରହିବ। (ଠିଆ ହୋଇ ଆଖି ବୁଜି ପ୍ରଭୁଙ୍କୁ ଡାକିଲା ଓ ପ୍ରଚ୍ଛଦ ପଟରୁ ଶୁଭିଲା)

ଘୋଷକ - ଜୟ ଶ୍ରୀ ବୀରବର ପ୍ରବଳ ପ୍ରତାପୀ ସହସ୍ର ବାହୁ ନବକୋଟି କର୍ଣ୍ଣାଟ ଉତ୍କଳ କଳବର୍ଗେଶ୍ୱର ଶ୍ରୀ ଶ୍ରୀ ଶ୍ରୀ ପୁରୁଷୋତ୍ତମ ଦେବଙ୍କ ଜୟ ହେଉ"।

(ମଞ୍ଚ ଅନ୍ଧାର)

ତ୍ରୟୋଦଶ ଦୃଶ୍ୟ

କାବେରୀ ନଦୀ କୂଳ। ସମୟ ସନ୍ଧ୍ୟା। ଉଦ୍ୟାନ। ମଞ୍ଚ ଆଲୋକିତ ହେଲାବେଳକୁ ଶୁଭୁଚି ଘୋଡା ଟାପୁର ଶବ୍ଦ। କ୍ରମଶଃ ଶବ୍ଦଟି ଦୂରରୁ ପାଖକୁ ଆସୁଛି ଏବଂ ଗୋଟିଏ ଘୋଡା ଟାପୁ ଶବ୍ଦ ହଜାରେ ଘୋଡା ଟାପୁ ଶବ୍ଦରେ ରୂପାନ୍ତରିତ ହେଲା। ପଦ୍ମାବତୀ ଘୋଟା ଟାପୁର ଦ୍ରୁତ ଲୟ ସହ ସମନ୍ୱୟ ରକ୍ଷାକରି ମଞ୍ଚ ଉପରେ ଦ୍ରୁତ ପଦଚାଳନା ସହ ବାମରୁ ଡାହାଣକୁ ଓ ଡାହାଣରୁ ବାମକୁ ଲକ୍ଷ୍ୟ କରିବାରେ ଲାଗିଛନ୍ତି ।

ପଦ୍ମାବତୀ - ସୂର୍ଯ୍ୟବାଳା । ସୂର୍ଯ୍ୟବାଳା, ତୁ କେଉଁଠି ? (ସୂର୍ଯ୍ୟବାଳା ଗୋଟେ କାଠ ଘୋଡାରେ ବସି ମଞ୍ଚର ଡାହାଣରୁ ବାମକୁ ଓ ବାମରୁ ଡାହାଣକୁ ଡେଇଁ ଡେଇଁ ଯାଇଛି । ପଦ୍ମାବତୀ ତାକୁ ଦେଖି ଆମୋଦିତ ହୋଇ) ମଲା । ଗୋଟେ କାଠ ଘୋଡା ଧରି ତୁ ଏମିତି ଖେଳୁଚୁ ? ମୁଁ ଭାବିଲି ସତରେ ଅଶ୍ୱାରୋହୀମାନେ କୁଆଡେ ଯାଉଛନ୍ତି ।

ସୂର୍ଯ୍ୟବାଳା - ତମ ମନର ଆଖିରେ ଦିଶୁଛି ଯଦି ସତ ହେଇଥିବ ଜେମା । ମତେ ତ ଲାଗୁଛି ତମ ସପନର ରାଜକୁମାର ଆସୁଚି ଗୋଟେ ପକ୍ଷୀରାଜ ଘୋଡାରେ ।

ପଦ୍ମାବତୀ - ଆସୁଚି ନା ମୋ ପାଖରୁ ପଳେଇ ଯାଉଚି ?

ସୂର୍ଯ୍ୟବାଳା - ପଳେଇ ଯାଉଛି ? ଏ ଘୋଡା ଟାପୁର ଶବ୍ଦ ତ ସେମିତି କିଛି କହୁନି । ମତେ ଲାଗୁଛି ଘୋଡା ଚଢି ତମ ପ୍ରାଣର ପ୍ରେମିକ ପୁରୁଷୋତ୍ତମ ଆସୁଛନ୍ତି ।

ପଦ୍ମାବତୀ - ସେଇଥିପାଇଁ ଛାତି ଏମିତି ଦପ୍ ଦପ୍ ହଉଛି ?

ସୂର୍ଯ୍ୟବାଳା - ଦପ୍ ଦପ୍ ହଉଛି ?

ପଦ୍ମାବତୀ - ଖାଲି ଉଠୁଚି ଆଉ ପଡୁଛି ।

(ହଠାତ୍ ଅଟକିଲେ ସୂର୍ଯ୍ୟବାଳା)

ସୂର୍ଯ୍ୟବାଳା - ଜେମାମଣି, ଟିକିଏ ପାଖକୁ ଆସିଲ । (ପଦ୍ମାବତୀ ପାଖକୁ ଆସିଲା । ସୂର୍ଯ୍ୟବାଳା ତା' ଛାତିରେ କାନ ଲଗେଇ ଶୁଣିଲା)

ସୂର୍ଯ୍ୟବାଳା - ଏ ମା' । ତମ ଛାତି ଉପରେ କିଏ ଜଣେ ଢିଙ୍କିରେ କ'ଣ କୁଟୁଛି ।

ପଦ୍ମା - ଢିଙ୍କି ? ସେଇଟା ପୁଣି କ'ଣ ?

ସୂର୍ଯ୍ୟବାଳା - ଓଡିଆମାନେ ଢିଙ୍କିରେ ଧାନ କୁଟନ୍ତି । ହେଲେ ତମର ପ୍ରିୟ ପୁରୁଷୋତ୍ତମ ଗଜପତି ରାଜା, ସିଏ କାଇଁକି ଢିଙ୍କି କୁଟିବେ ?

ପଦ୍ମା - ତା'ହେଲେ ମତେ କାଇଁକି ଅଧଘଣ୍ଟା ହେଲା ଘୋଡା ଟାପୁର ଶବ୍ଦ ଶୁଭୁଛି ?

ସୂର୍ଯ୍ୟବାଳା - କହିଲି ପରା, ତମ ରାଜକୁମାର ଆସୁଛି ପୁରୀରୁ।

ପଦ୍ମା - ମହୋଦଧି କୂଳରୁ ଆସୁଚି ଆମ କାବେରୀ ନଦୀ କୂଳକୁ ?

ସୂର୍ଯ୍ୟବାଳା - ପକ୍ଷୀରାଜ ଘୋଡା ଚଢି ଆସୁଚି ଗୋ'ତମ ପାଖକୁ। ତମକୁ ଏଇ କାବେରୀ ନଈ କୂଳରୁ ଉଠେଇ ନେଇଯିବ।

ପଦ୍ମା - ଓଃ ! ଥଟ୍ଟା ବନ୍ଦ କର ଆଉ କହ ଏ ଘୋଡା ଟାରୁ ଶବ୍ଦ କାହାର ?

(ସୂର୍ଯ୍ୟବାଳା ପଦ୍ମାର ମୁହଁ / ଦେହ ଛୁଇଁ ପରୀକ୍ଷା କଲା)

ସୂର୍ଯ୍ୟବାଳା - ଏ ମା' ! ତମ ଦେହରେ ତାତି ଜେମାମଣି। ଜର ହେଇଚି ନା କ'ଣ ?

ପଦ୍ମା - ଜର କାହିଁକି ହବ ?

ସୂର୍ଯ୍ୟବାଳା - ଏ ମା' ! ପ୍ରେମ ଜ୍ୱର ଗୋ'ଜେମା। ତାତିରେ ଦେହ ଫୁଟୁଚି।

ପଦ୍ମା - ତା'ହେଲେ ଚାଲ, ଉଆସକୁ ଫେରିଯିବା।

ସୂର୍ଯ୍ୟବାଳା - ଫେରିଯିବା ? ସିଏ ଆସୁଚନ୍ତି ପରା ପୁରୀକୁ ତମକୁ ନବା ପାଇଁ ? କ'ଣ ଶୁଣୁଚନା ନାଇଁବା ? ଗଜପତି ରାଜା ପୁରୁଷୋତ୍ତମ ଆସୁଛନ୍ତି ପୁରୀରୁ। ଆମ କାଞ୍ଚି ରଜାଙ୍କ ସହ ଯୁଦ୍ଧ କରିବେ। ଯୁଦ୍ଧରେ ତମ ପିତାଙ୍କୁ ହରେଇବେ ଆଉ ତମକୁ ନେଇଯିବେ ପୁରୀ ।

ପଦ୍ମାବତୀ - ପିତାଶ୍ରୀ ଯୁଦ୍ଧରେ ହାରିଗଲେ ମତେ କ'ଣ ଭଲ ଲାଗିବ ?

ସୂର୍ଯ୍ୟବାଳା - ତମେ ତା'ହେଲେ ଆଜ୍ଞାମାଳ ଅଣେଇଥିଲ କାହିଁକି ? ମୋ ହାତରେ ଚିଟାଉ ଲେଖେଇଥିଲ କାହିଁକି। ମତେ ତ ଲାଗୁଚି ତମ ଚିଟାଉ ପାଇ ଗଜପତି ପୁଣିଥରେ ଯୁଦ୍ଧ କରିବାକୁ

ଆସୁଛନ୍ତି । (ପଦ୍ମାବତୀ ନୀରବ । ଆବହ ସଂଗୀତରେ ଝିଅ କଣ୍ଠରେ ରାଗ କଳାବତୀରେ ଆଳାପ ।) କାବେରୀ କୂଳରୁ ତମେ ଯିବ ସଖୀ ପଠାକୁ, ସେଇଠି ସମୁଦ୍ର ପଠାରେ ଭର୍ତ୍ତି ହେଇଛି ଝାଉଁ ବଣ । ଜାଣିଚ ଜେମା, ଝାଉଁବଣ ଭିତରୁ ମତେ ଘୋଡା ଟାପୁର ଶବ୍ଦ ଶୁଭୁଚି ।

ପଦ୍ମାବତୀ - ସମୁଦ୍ର କୂଳରେ ତ ବାଲି ଥିବ । ସେଇଠୁ ଘୋଡା ଟାପୁର ଶବ୍ଦ କେମିତି ଶୁଭିବ ଯେ ?

ସୂର୍ଯ୍ୟବାଳା - ବାଲି ଉପରୁ ମଧ ଶବ୍ଦ ଶୁଭିବ ଜେମା ! ଇଏ କ'ଣ ଇମିତି ସିମିତି ଘୋଡା ? ପକ୍ଷୀରାଜ ଘୋଡା ପରା । (କଳାବତୀ ରାଗରେ ଆଳାପ) ଆଉ ତମେ ସେଇ ଝାଉଁବଣକୁ ଯିବା ଆଗରୁ ଦେଖିବ... ସେଇଠି ଖାଲି ବିଭିନ୍ନ ରଙ୍ଗର ଫୁଲ ଫୁଟୁଥିବ । ଆଉ ହଜାରେ ପ୍ରଜାପତି ଆସି ତମକୁ ସ୍ୱାଗତ କରିବେ ଜେମା ! (କଳାବତୀ ରାଗରେ ତାନ୍) ଦ୍ରୁତ ଲୟରେ । ଗୁଡିଏ ନୃତ୍ୟରତା ଯୁବତୀ ପ୍ରଜାପତିର ଡେଣା ଲଗେଇ ନାଚିବେ । ଆଳାପ ସାଙ୍ଗରେ ସମବେତ କଣ୍ଠରେ ଆଳାପ / ବାଣୀ ମିଶିବ ... ତା'ପରେ ଦ୍ରୁତରୁ ପୁଣି ଧିମା ଲୟକୁ ଫେରିବ । ପଦ୍ମା ଆବୃତ୍ତି କରିବେ..

ପଦ୍ମାଙ୍କ ଆବୃତ୍ତି -

 କାବେରୀ ସେପାରି ବାଲି
ମୋ ମନ ଦୁଆରେ ଫୁଟୁଛି ଲୋ ଆଜି
ପ୍ରଥମ ବସନ୍ତ କଳି
ଦିନ ଗଲା, ମାସ ବରଷ ବିତିଲା
ଜଗନ୍ନାଥ ଆସି ନେଲେ ନାହିଁ ମୋର
ପ୍ରେମର ଏ ପୂଜାଥାଳି ।।୦।।

(ଆଳାପ ଓ ନୃତ୍ୟର ଶବ୍ଦ ଆବହ ସଂଗୀତ ପରି ଶୁଭୁଥିବ । ତା'ରି ଉପରେ ଆଳାପ କରିବେ ପଦ୍ମାବତୀ, ହଠାତ୍ ପ୍ରବେଶ କରିବେ ରାଜା ସାଲ୍ୱା ନରସିଂହା, ଅତ୍ୟନ୍ତ ବିବ୍ରତ ଓ ବିରକ୍ତ)

ନରସିଂହ - ପଦ୍ମାବତୀ ! ଏଇଠି... ଏଇ ନଦୀ କୂଳରେ କ'ଣ କରୁଛୁ ? ତତେ ବାରମ୍ବାର ମନା କରିଛି ଏକେଲା ଉଆସ ଛାଡି ବାହାରକୁ ଯିବୁନି, ତ ଖାତିର କରୁନୁ ମୋ କଥାକୁ ?

ପଦ୍ମାବତୀ - ମୁଁ ଏକା ଆସିନି ପିତାଶ୍ରୀ। ସାଙ୍ଗରେ ସଖୀ ସୂର୍ଯ୍ୟବାଳା ଅଛି।

ନରସିଂହ - ସୂର୍ଯ୍ୟବାଳା କ'ଣଟେ କରିପକେଇବ ? ହଜାରେ ଅଶ୍ୱାରୋହୀ, ଗଜାରୋହୀ ଓ ପଦାତିକ ମାଡି ଆସୁଛନ୍ତି କଳିଙ୍ଗରୁ, ପ୍ରବଳ ଯୁଦ୍ଧ ହେବ। ରକ୍ତପାତ ହବ। ଏଥିରେ ସୂର୍ଯ୍ୟବାଳା କ'ଣ କରିବ ?

ପଦ୍ମାବତୀ - କଳିଙ୍ଗ ସେନାଙ୍କୁ ଆପଣ ବାରମ୍ବାର ଅପମାନ ଦେଉଛନ୍ତି ପିତାଶ୍ରୀ। ବାରମ୍ବାର ସେମାନଙ୍କ ସ୍ୱାଭିମାନକୁ ଧ୍ୱଂସ କରୁଛନ୍ତି।

ନରସିଂହ - ଏଥରକ କିନ୍ତୁ କ୍ଷମା ନାହିଁ। ପୁରୁଷୋତ୍ତମର ଶିର ଛେଦନ କରିବି।

ପଦ୍ମାବତୀ - ତମେ କଳିଙ୍ଗ ସେନା ସହ ପୁଣି ଯୁଦ୍ଧ କରିବ ?

ନରସିଂହ - ମୁଁ ଯୁଦ୍ଧ କରୁନି, ସେମାନେ ଆସୁଛନ୍ତି ତତେ ନେବା ପାଇଁ। ଆଉ ମନେରଖ -ଏଥର ବି କଳିଙ୍ଗ ରାଜା ହାରିବ। କିନ୍ତୁ ଏଥରକ ମୁଁ ତୋର ଅନୁରୋଧ ରକ୍ଷାକରି ତାକୁ କ୍ଷମା ଦେଇପାରିବି ନାହିଁ ପଦ୍ମା । ଏଥରକ ପୁରୁଷୋତ୍ତମ ଆଉ ପୁରୀ ଫେରି ଯାଇପାରିବନି।

ପଦ୍ମାବତୀ - (କ୍ଷୁବ୍‌ଧା ହୋଇ) କାହିଁକି ? କାହିଁକି ପିତାଶ୍ରୀ ? କଳିଙ୍ଗ ଗଜପତି ତମର କ'ଣ କ୍ଷତି କରିଥିଲେ ? ସମ୍ମାନ ସହ ରଥଯାତ୍ରା ଦେଖିବାକୁ ନିମନ୍ତ୍ରଣ କରିଥିଲେ। ଆଉ ତମେ ? ତମେ ତାଙ୍କୁ "ଚାଣ୍ଡାଳ ରାଜା" କହି ଅପମାନିତ କଲ, ଏବେ ଯୁଦ୍ଧ ହବନାଇଁ ତ ଆଉ କ'ଣ ହବ ?

ନରସିଂହ - ସବୁ ନାଟର ଗୋବର୍ଦ୍ଧନ ତୁ। ସବୁ ହଉଚି ତୋ ପାଇଁ। କ'ଣ ଦରକାର ଥିଲା ସେ କଳିଙ୍ଗ ରଜାକୁ ଭଲ ପାଇବା ? ଆମର ଦାକ୍ଷିଣାତ୍ୟରେ କ'ଣ ରଜାପୁଅ ନାହାନ୍ତି ? ଛି !

ଚାଣ୍ଡାଳ ତୋର ସ୍ୱୟମ୍ବରଟା କରେଇ ଦେଲା ନାହିଁ। କିନ୍ତୁ ମନେରଖ ପଦ୍ମା, ଏଥରକ ମଧ୍ୟ ସିଏ ହାରିବ, ଆଉ ଏଥରକୁ ପୁରୁଷୋତ୍ତମର ଶିର ଛେଦନ କରାଯିବ।

ପଦ୍ମାବତୀ - (କ୍ଷୁବ୍ଧା ହୋଇ)ପିତାଶ୍ରୀ !

ନରସିଂହା - ସେନାପତି, ସେନାପତି।

ସେନାପତି - ଆଜ୍ଞା ମହାରାଜ। (ପ୍ରବେଶ କରି)

ନରସିଂହା - ସେନାବାହିନୀକୁ ପ୍ରସ୍ତୁତ ହେବାକୁ କହିଲ କି ନାଇଁ ?

ସେନାପତି - ଅଶ୍ୱାରୋହୀ, ଗଜାରୋହୀ ଓ ପଦାତିକ ...ସମସ୍ତେ ପ୍ରସ୍ତୁତ ହୋଇ ଚାଲିଗଲେଣି ଛାମୁଁ... କଳିଙ୍ଗର ସେନାବାହିନୀ ବିଜୟନଗର ସୀମା ଡେଇଁପାରିବେ ନାହିଁ।

ନରସିଂହା - ମୁଁ ଯିବି ?

ସେନାପତି - ନାଇଁ ଛାମୁ। ଆପଣ କାହିଁକି ଯିବେ ? ମୁଁ ଯାଉଛି।

ନରସିଂହା - ସେ ପୁରୁଷୋତ୍ତମକୁ ବନ୍ଦୀ କରି ମୋ ପାଖକୁ ଆଣିବ।

ସେନାପତି - ଆଜ୍ଞା ଛାମୁଁ , ମୁଁ ଆସୁଛି (ପ୍ରସ୍ଥାନ)।

ନରସିଂହା - ବିଜୟୀ ଭବ। ପୁରୁଷୋତ୍ତମକୁ ମୋ ପାଖକୁ ଆଣିବ। ତାକୁ ମୁଁ ନିଜ ହାତରେ ଶାସ୍ତି ଦେବି, ନିଜ ହାତରେ। ଗୋଟାଏ ଚଣ୍ଡାଳ... ତାର ପୁଣି ଆସ୍ପର୍ଦ୍ଧା ଦେଖ। କହୁଚି ସାଲ୍ୱା ନରସିଂହର କନ୍ୟାକୁ ବାହାହବ। ଯୁଦ୍ଧ ହବ ତା ପୂର୍ବରୁ ବିଜୟନଗର ଚଣ୍ଡାଳ ସାଙ୍ଗରେ ଯୁଦ୍ଧ କରିବ। (ହସିଲେ ନାରସିଂହା, ଏଇଠୁ ଆବହ ସଂଗୀତରେ ଯୁଦ୍ଧର ସଂକେତ)

(ମଞ୍ଚ ଅନ୍ଧାର)

(ଯୁଦ୍ଧ କାଞ୍ଚି ବିଜୟ। ଯୁଦ୍ଧ ପରେ ଗଣେଶ ମୂର୍ତ୍ତି ଓ ପରେ ପଦ୍ମାବତୀକୁ କଳିଙ୍ଗ ସେନା ଉଠାଇ ଆଣିଲେ)

- ଅନ୍ଧାର-

ଚତୁର୍ଦ୍ଦଶ ଦୃଶ୍ୟ

ଆବହ ସଂଗୀତରେ ବାଜୁଛି ବିଜୟୋତ୍ସବର ଢୋଲ, କାହାଳୀ, ଟ୍ରଂପେଟ୍, ଟ୍ରମ୍ବୋନ୍ ଓ ଶିଙ୍ଗା ପ୍ରଭୃତି ମଝିରେ ମଝିରେ ବାଣ ଫୁଟିବାର ଶବ୍ଦ । ମଞ୍ଚରେ ଆଲୋକ ଆସିଲା ପରେ କ୍ଷିପ୍ର ପଦକ୍ଷେପରେ ମଞ୍ଚ ଉପରକୁ ପ୍ରବେଶ କଲେ ରାଜମାତା ପାର୍ବତୀ ଅନ୍ତଃପୁରରେ ଥିବା ପୋଇଲି ମାନଙ୍କୁ ଲକ୍ଷ୍ୟ କରି ଡାକିଲେ:

ପାର୍ବତୀ – ଆଲୋ କୁଆଡେ ଗଲ ? ରାଧା, ହୀରା, କନକ, କାମିନୀ ଆଉ ରଞ୍ଜି ! ମହାରାଜା କାଞ୍ଚି ବିଜୟ କରି ଫେରୁଛନ୍ତି ।

(ଗୋଟାଏ ବାଣ ଫୁଟିବାର ଶବ୍ଦ)

ଆଲୋ, ଆସିଗଲେ ଲୋ ... ଶଙ୍ଖ ବଜାଅ... ଶୀଘ୍ର... ହୁଳହୁଳି ପକାଅ...ସ୍ୱାଗତମ୍ ଗୀତଟା ଗାଇ ମହାରାଜାଙ୍କୁ ବନ୍ଦାଣ କରଲୋ... ଆସିଗଲାଣି ପୁଅ ମୋର !

(ଯୋଡା ଶଙ୍ଖ ଫୁଙ୍କା ହେଲା, ଗୀତ/ ନାଚ ପାଇଁ ମର୍ଦ୍ଦଳର ଶବ୍ଦ ଶୁଭିଲା । ପ୍ରବେଶ କଲେ ୮/୧୦ଜଣ ଦାସୀ) ଯାଅ- ସିଂହଦ୍ୱାର ପାଖରେ ସେମାନଙ୍କୁ ସ୍ୱାଗତ କର ।

ଗୀତ – ସ୍ୱାଗତଂ ! ଅଥ ସ୍ୱାଗତମ୍, ଶୁଭ ସ୍ୱାଗତମ୍ !

ଆନନ୍ଦ ମଙ୍ଗଳ ମଙ୍ଗଳମ୍ ।।

କୁସୁମିତ ନୂତନ କାମନା ସୁରଭିତ ନୂତନ ସାଧନା

ମୈତ୍ରୀମୟ କ୍ରୀଡା ଅଙ୍ଗନେ ପ୍ରମୁଦିତ ବନ୍ଧୁ ଭାବନା

ଶାଶ୍ୱତ, ସୁବିକଶିତ ଇତି ଶୁଭମ୍ ।।

(ମଞ୍ଚ ଉପରେ ଏଇ ଗୀତ ଉପରେ ଦାସୀମାନେ ନୃତ୍ୟ କଲାବେଳେ ପାର୍ବତୀ ଦେବୀ ଚାଲିଯିବେ ଭିତରକୁ । ଦର୍ଶକ ଗ୍ୟାଲେରୀର ପଛପଟୁ ପୁରୁଷୋତ୍ତମଙ୍କ ବିଜୟ ପଟୁଆର ଆସିବ କେନ୍ଦ୍ରରେ ଥିବା ପୁଷ୍ପପଥ ଦେଇ । ସେନାପତି ସୈନ୍ୟମାନେ କାଞ୍ଚି ଗଣେଶଙ୍କୁ ଧରିଛନ୍ତି ସେନାପତି ପଦ୍ମାବତୀଙ୍କୁ ଗୋଟିଏ ଛତ୍ରତଳେ ଆଣୁଛନ୍ତି । ସେମାନେ ସାମ୍ନାପଟୁ / କିମ୍ବା ବାମ ଓ ଡାହାଣପଟୁ ମଞ୍ଚକୁ ଉଠିଲେ । ପ୍ରାସାଦର ପୋଇଲି ଓ ଦାସୀମାନେ ଏମାନଙ୍କର ବନ୍ଦନା କରି (ହାତରେ ଦୀପ ଓ ଧୂପ ଜଳୁଥିବା ଥାଳି ଥିବ) ଠିଆ ହେଲା ବେଳକୁ ପ୍ରବେସ କରିବେ ପାର୍ବତୀ, ତାଙ୍କ

ହାତରେ ଦୁଇଫରିଟା ପ୍ରଜ୍ୱଳିତ ଦୀବଥିବା ଥାଳୀଟିଏ। ସେଥିରେ ଗୁଗ୍‌ଗୁଳ ଓ କର୍ପୂରର ଧୂପ, ପୁତ୍ର ପୁରୁଷୋତ୍ତମଙ୍କୁ ସେ ବନ୍ଦେଇଲେ। ପୋଇଲି ମାନେ ହୁଳହୁଳି ପକେଇଲେ।

ଏଇ କର୍ମକାଣ୍ଡ ପରେ ପୁରୁଷୋତ୍ତମ ଆଣ୍ଠୁମାଡି ପ୍ରଜାମାନଙ୍କୁ ସାମ୍ନାରେ ବସିଥିବା ଦର୍ଶକ ମାନଙ୍କୁ) ପ୍ରଣିପାତ କଲେ। ମାଟିରେ ମୁଣ୍ଡ ଲଗେଇ, ତାପରେ ଆଣ୍ଠୁରେ ଠିଆ ହେଲେ:

ପୁରୁ - ହେ ଜନନୀ! ଜନ୍ମ ଭୂମି! ହେ ମାତା, କଳିଙ୍ଗ -ଉତ୍କଳ! ତୋ ପବିତ୍ର ମାଟିକୁ ମୋର କୋଟି କୋଟି ପ୍ରଣାମ , ହେ ମାତା, ଜନ୍ମଭୂମି ଦୀର୍ଘ ଦେଢବର୍ଷ ପରେ ତୋର ଗୌରବ ଫେରାଇ ଆଣି ତୋ' ପବିତ୍ର ମାଟିରେ ପାଦ ଥାପିବାର ସୌଭାଗ୍ୟ ମିଳିଲା।

(ଆବହ ସଂଗୀତ) ଜନନୀ ଜନ୍ମଭୂମିଶ୍ଚ ସ୍ୱର୍ଗାଦପି ଗରୀୟସି

(ଆବହ ସଂଗୀତରେ ଟ୍ରମ୍ପେଟ ଓ ଢୋଲ ଏଥର ଠିଆ ହେଲେ ପୁରୁଷୋତ୍ତମ)

ହେ ମୋର ପ୍ରିୟ କଳିଙ୍ଗର ପ୍ରଜା। କାଞ୍ଚି ବିଜୟ ପରେ ମୁଁ ତାଙ୍କର ଇଷ୍ଟଦେବ ଗଣେଶଙ୍କୁ ନେଇ ଆସିଛି। କାଞ୍ଚି ଗଣେଶ ଆମର ଶ୍ରୀମନ୍ଦିର ବେଢାରେ ରହି ପୂଜା ପାଇବେ। ଆହୁରି ଆଣିଚି କାଞ୍ଚି ନରେଶଙ୍କୁ କନ୍ୟା ପଦ୍ମାବତୀକୁ ।ସିଏ ତାଙ୍କ ସହ ଆଣିଛନ୍ତି ଦ୍ରାବିଡ ସଂସ୍କୃତି। (କ୍ଲାରୋନେଟ୍‌ରେ କର୍ଣ୍ଣାଟ ସଂଗୀତ) ଆଗରୁ ଆମେ କଳିଙ୍ଗରେ ଆର୍ଯ୍ୟ ଓ ଅନାର୍ଯ୍ୟ ଶବରମାନେ ଏକାଠି ଚଳୁଥିଲେ। ଏବେ ପଦ୍ମାବତୀ ସହ ଆମ ମାଟିକୁ ଆସିଲା ଦ୍ରାବିଡ ସଂସ୍କୃତି। ବନ୍ଧୁଗଣ! ଆଜିଠୁ ଆମ ମାଟିରେ ଆର୍ଯ୍ୟ-ଅନାର୍ଯ୍ୟ ଓ ଦ୍ରାବିଡ ସଂସ୍କୃତିର ସମନ୍ୱୟ ସ୍ଥାପିତ ହେବ। ଏ ସମନ୍ୱୟକୁ ଋଦ୍ଧିମନ୍ତ କରାଇବା ପାଇଁ ଆପଣମାନେ ସାହାଯ୍ୟ କରିବେ।

ପାର୍ବତୀ - ପୁରୁଷୋତ୍ତମ! କାଞ୍ଚି ଗଣେଶ ତ ମନ୍ଦିରକୁ ଗଲେ। ପଦ୍ମାବତୀ

କାହିଁ କାହିଁ ମୋର ପୁତ୍ରବଧୂ ? ଯଥା ଶୀଘ୍ର ତାକୁ ଆଣି ମୋ ସମ୍ମୁଖରେ ହାଜର କରାଅ। ମୁଁ ଏଇଠି ଅର୍ଘ୍ୟ ଥାଳି ଧରି ଅନେକ ବେଳୁ ଠିଆ ହେଇଚି। ପ୍ରଥମେ ତାକୁ ବନ୍ଦେଇ ଦୁ'ଚାଉଳ ବରକୋଳିପତ୍ର ପକେଇ ଅନ୍ତପୁରକୁ ନେବି।

ପୁର - ମାତାଶ୍ରୀ ! ଜୀବନର ପ୍ରତ୍ୟେକ ସନ୍ଧିକ୍ଷଣରେ, ବିପର୍ଯ୍ୟୟ ଆଉ ବିପଦ ଘୂର୍ଣ୍ଣିବଳୟ ଭିତରେ ମୁଁ ତମରି ମୁହଁକୁ ଦେଖି ପ୍ରେରଣା ପାଇଛି। ତମ ଛାତିର କ୍ଷୀର ପିଇ ମୋ ରକ୍ତରେ ଯୋଉ ଶକ୍ତି ଆସିଚି ମା- ତାରି ବଳରେ ମୁଁ ବିପତ୍ତିର ସମୁଦ୍ରକୁ ଚିରି ତମର ଚରଣ ପର୍ଯ୍ୟନ୍ତ ଆସିପାଇଛି । (ଆବହ ସଂଗୀତ) ମୋ' ପାଇଁ ତମେ ଶକ୍ତି ସ୍ୱରୂପିଣୀ ଦୁର୍ଗା ମାତେ ! ମତେ ଆଶୀର୍ବାଦ କହନ୍ତୁ, ଜୀବନ ସାରା ମୁଁ ଯେମିତି ତମର ଚରଣ ବନ୍ଦନା କରିବାର ସୌଭାଗ୍ୟ ପାଉଥିବି।

ପାର୍ବତୀ - ଯଶସ୍ୱୀ ଭବ ପୁତ୍ର ! ଚିରଞ୍ଜୀବୀ ଭବ। ହେଲେ ସୂର୍ଯ୍ୟବଂଶର ଗୃହବଧୂ କାହିଁ ପୁତ୍ର ? କାହିଁ ମୋର ପଦ୍ମାବତୀ ?

ପୁର - (ଉଚ୍ଚସ୍ୱରରେ) ସେନାପତି ପାଲ୍‌ଟା ସିଂ।

(ସେନାପତି ରାଜଜେମାଙ୍କୁ ନେଇ ପ୍ରବେଶ କରେ, ପାର୍ବତୀଙ୍କୁ ପ୍ରଣାମ କଲ । ପାର୍ବତୀ ଧରିଥିବା ଥାଳିରୁ ଦୁ ଚାଉଳ ଓ ବରକୋଳି ପତ୍ର ପକେଇ, ହୁଳହୁଳି ଦେଇ କୁଳବଧୂକୁ ସ୍ୱାଗତ କଲେ। ଏ ଦୃଶ୍ୟଟି ଦେଖୁ ଦେଖୁ ପୁରୁଷୋତ୍ତମଙ୍କର ମନେ ପଡିଲା ସାଲ୍ୱା ନରସିଂହଙ୍କର ସ୍ୱର)

ନରସିଂହାଙ୍କ ସ୍ୱର - ଆପଣ ଗୋଟାଏ ପଟେ ନିଜକୁ ନବକୋଟି କର୍ଣ୍ଣାଟ ଉତ୍କଳ କଳବର୍ଗେଶ୍ୱର କହି ନିଜର ଡିଣ୍ଡିମ ପିଟୁଛନ୍ତି -ଏଣେ ଦେଖିଲା ବେଳକୁ ଚଣ୍ଡାଳ ଭଳି ଗୋଟିଏ ଖଡିକା ଧରି ରଥ ପହଁରୁଛନ୍ତି।

(Keyboard ରେ ଗ୍ରୁପ୍ ଭାଓଲିନ୍‌ରେ ଗମ୍ଭୀର ଆବହ ସଂଗୀତ। ପୁରୁଷୋତ୍ତମଙ୍କ ମୁହଁ ଉପରେ ସ୍ପଟ। ପ୍ରତିକ୍ରିୟା ଦେଇପାରିଲେ ଭଲ)

ପୁରୁଷୋତ୍ତମ - ମାତାଶ୍ରୀ ! ଆପଣ ତାକୁ ଦୁବ ବରକୋଳି ପତ୍ରରେ ସଜେଇ ସାରିଲେଣି କିନ୍ତୁ ଏ ପର୍ଯ୍ୟନ୍ତ ଏ ଦ୍ରାବିଡ ରାଜଜେମା କଳିଙ୍ଗ ଉତ୍କଳ ଚକ୍ରବର୍ତ୍ତୀର ଅର୍ଦ୍ଧାଙ୍ଗିନୀ ହେବାର ସୌଭାଗ୍ୟ ପାଇନି । ତେଣୁ ତମର କୁଳବଧୂ ହେବାର ଯୋଗ୍ୟତା ସେ ହାସଲ କରି ନାହିଁ । ଏଇଟାକେବଳ ବନ୍ଦୀ ସାଲ୍ୱା ନରସଂହାର କନ୍ୟା । ତାକୁ ମୁଁ ଯୁଦ୍ଧରେ ହରାଇ ମୁକ୍ତିଧନ ରୂପରେ ନେଇ ଆସିଛି ।

(ଆବହ ସଂଗୀତରେ ପୁରୁଷୋତ୍ତମଙ୍କ ଉଗ୍ର ମାନସିକ ଅବସ୍ଥା ପ୍ରତିଫଳିତ । ବର୍ତ୍ତମାନ ପୁଣି ଥରେ ଶୁଭିଲା ସାଲ୍ୱା ନରସିଂହାଙ୍କ ସ୍ୱର)

ନରସିଂହାଙ୍କ ସ୍ୱର - ଏଇଟା ଚଣ୍ଡାଳମାନଙ୍କର ସେବା ପୁରୁଷୋତ୍ତମ, ରାଜାର କର୍ତ୍ତବ୍ୟ ନୁହେଁ । କୁହନ୍ତୁ ପ୍ରଥମେ ଆପଣ କଳିଙ୍ଗର ରାଜା ନା ସେବକ ?

(ଆବହ ସଂଗୀତରେ ଶତ ବୃଶ୍ଚିକର ଦଂଶନର ଭାବ)

ପୁରୁଷୋତ୍ତମ - (ଉତ୍ତ୍ୟକ୍ତ ସ୍ୱର) ଏଇଟା ସେଇ ସଂସ୍କାରହୀନ ଦ୍ରାବିଡ ରଜାର ଝିଅ ସେନାପତି ! ଏଇଟାକୁ ମୋ ସାମ୍ନାରୁ ନେଇଯାଅ ପାଲଟା ସିଂ- ମୋର ଶୟନ କକ୍ଷକୁ ଲାଗି ଯୋଡ ଛୋଟ ଅନ୍ଧାରୁଆ କୋଠରୀଟା ଅଛି ସେଇଠି ଫୋପାଡି ଦେଇ ଆସ ।

ସେନାପତି - କାଞ୍ଚିଜେମାଙ୍କୁ ଆମେ ବନ୍ଦୀ କରି ରଖିବା ଛାମୁଁ ?

ପୁରୁଷୋତ୍ତମ - ଆଉ କଣ କରିବା ? ଏକାଥରକେ ଯାକୁ କଳିଙ୍ଗର ସୂର୍ଯ୍ୟବଂଶ ଗଜପତି ଉଆସର କୁଳବଧୂ କରିଦେବା ? ନା -ଏଇଟା କଳିଙ୍ଗ ରାଜାର ବିଜିତା କନ୍ୟାଧନ । ରାଜବଧୂ ନୁହେ ।

ପଦ୍ମା - ହେଇପାରେ ସମ୍ରାଟ । ମୁଁ କିନ୍ତୁ ଆପଣ ବିଜୟ ଲାଭ କରିଥିବା ଧରଣୀର ଖଣ୍ଡିତାଂଶ ନୁହେ । ମୁଁ ରକ୍ତମାଂସରେ ଗଢା କ୍ଷତ୍ରିୟ କନ୍ୟା । ବିଜିତ ସଂପତ୍ତି ସାଙ୍ଗରେ ଆସିଥିଲେ ସୁଦ୍ଧା ମୋର କିଛି ମାନବିକ ଅଧିକାର ଅଛି । ରାଜକନ୍ୟା ରୂପରେ ଉଚିତ ସମ୍ମାନ ଓ ବ୍ୟବହାର ଆଶାକରିବାର ଅଧିକାର ଅଛି । ମୋର

ବି କିଛି ସ୍ୱପ୍ନ ଅଛି ମହାମହିମ ଗଜପତି ! ଏବଂ ସେ ସ୍ୱପ୍ନମାନଙ୍କୁ ସାକାର କରିବାର ଶକ୍ତି ମଧ୍ୟ ଅଛି । ବିଜୟର ଉଲ୍ଲାସ କଣ ଆପଣଙ୍କୁ ଉନ୍ମାଦ କରିଛି ଗଜପତି ? ଟିକିଏ ମଧୁର ବ୍ୟବହାର କରିବା ଆପଣଙ୍କର କର୍ତ୍ତବ୍ୟ ବୋଲି ଭୁଲିଯାଉଛନ୍ତି କାହିଁକି ?

ପୁରୁଷୋତ୍ତମ - ମୁଁ କିଛି ଭୁଲି ନାହିଁ ବନ୍ଦିନୀ । ତୁମର ମାନ୍ୟବର ଦ୍ରାବିଡ ପିତା ମତେ ଯୋଉ ଇତର ବ୍ୟବହାରରେ କରିଛି - ଚଣ୍ଡାଳ ବୋଲି ସମ୍ବୋଧନ କରିଛି -ମୁଁ ତାର ପ୍ରତିଟି ଶବ୍ଦ ମନେ ରଖିଛି ।

(ଆବହ ସଂଗୀତରେ ଗୋଟିଏ ଲଲକାର ବା ଚୁନୌତିର ଭାବ)

ମୁଁ ଯଦି ଚଣ୍ଡାଳ - ତା'ହେଲେ କଳିଙ୍ଗର ସର୍ବଶ୍ରେଷ୍ଠ ଚଣ୍ଡାଳ ସାଙ୍ଗରେ ଯାର ବାହାଘର ହବ । ଏବଂ ସେ ବାହାଘର ମୁଁ କରେଇବି । (ଆବହ ସଂଗୀତ)

ପାର୍ବତୀ - ପୁରୁଷୋତ୍ତମ ! ତୁ ଅଯଥା କ୍ରୋଧାନ୍ୱିତ ହେଇ ରାଜାର ମର୍ଯ୍ୟାଦା ରେଖା ଉଲ୍ଲଙ୍ଘନ କରୁଛୁ ।

ପୁରୁଷୋତ୍ତମ - ଆପଣ କଣ ସବୁ ଭୁଲିଗଲେ ମାତାଶ୍ରୀ ? କାଞ୍ଚି ରାଜା ତମପୁଅକୁ ବା କଳିଙ୍ଗର ଗଜପତିଙ୍କୁ ଛେରାପହଁରା କଲାବେଳେ ଚଣ୍ଡାଳ ବୋଲି କହିଥିଲା ? ଆପଣ କଣ ଜାଣିନାହାନ୍ତି ମାତାଶ୍ରୀ ? ମୁଁ ଚଣ୍ଡାଳ ବୋଲି ମତେ ଜାମାତା ଭାବରେ ପ୍ରତ୍ୟାଖ୍ୟାନ କରିଥିଲା ?

ପାର୍ବତୀ - ସେଇଟା ବିଜୟନଗର ରାଜାର ସଂସ୍କାର ହୀନ ବ୍ୟବହାର । ତା'ବୋଲି ସୂର୍ଯ୍ୟବଂଶର ଗଜପତି ତାର କୁଳବଧୂକୁ ଅଶାଳୀନ ବ୍ୟବହାର ଦେଖେଇବ ? ଗଜପତି ବଂଶର ପ୍ରତିଷ୍ଠାତା କପିଳେନ୍ଦ୍ରଙ୍କ କୃପାରେ ପ୍ରାପ୍ତ -ଋଷିମାନଙ୍କ ଆଦର୍ଶରେ ଲାଳିତପାଳିତ ଶକ୍ତିଶାଳୀ ପଣ୍ଡିତ ବ୍ରାହ୍ମଣମାନଙ୍କ

ସମ୍ମୁଖରେ ମୁଁ ପଦ୍ମାବତୀକୁ ଦୁବ ବରକୋଳି ପତ୍ରରେ ବନ୍ଦେଇ ସାରିଲିଣି ପୁତ୍ର। ବିନା ସ୍ୱୟଂବରରେ ମୁଁ ତାକୁ ସୂର୍ଯ୍ୟବଂଶର କୁଳବଧୂ ରୂପେ ମାନ୍ୟତା ଦେଇ ସାରିଲିଣି। ଏବେ ତୁ ତାକୁ ଚଣ୍ଡାଳ ସାଙ୍ଗରେ ବାହା କରେଇବୁ?

ପୁର - ଏଇଟା ଚକ୍ରବର୍ତ୍ତୀ ପୁରୁଷୋତ୍ତମ ଦେବର ଆଦେଶ। ଉଚ୍ଛୃଙ୍ଖଳ କାଞ୍ଚିରାଜାର ଔଦ୍ଧତ୍ୟ ପାଇଁ ଗଜପତିର ଉତ୍ତର। ଆପଣ ଏ କଥା ମାତାଶ୍ରୀଙ୍କୁ ବୁଝାଇଦିଅନ୍ତୁ ମହାମନ୍ତ୍ରୀ।

ମନ୍ତ୍ରୀ - ରାଜା କେବଳ ଚକ୍ରବର୍ତ୍ତୀ ହେବା ପାଇଁ ଜନ୍ମ ହେଇନଥାନ୍ତି ଛାମୁଁ। ଦୁର୍ବଳା ଓ ଅଭାଗିନୀ ନାରୀମାନଙ୍କୁ ସୁରକ୍ଷା ଦେବା ରାଜାର ପ୍ରଥମ କର୍ତ୍ତବ୍ୟ।

ପଦ୍ମା - (କାନ୍ଦି କାନ୍ଦି) ଗଜପତି ମହାରାଜାଙ୍କୁ ସେଇକଥା ବୁଝାନ୍ତୁ ମହାମନ୍ତ୍ରୀ ଆପଣ ବୟୋଜ୍ୟେଷ୍ଠ କଳିଙ୍ଗ ରାଜପ୍ରସାଦର ନ୍ୟାୟଦଣ୍ଡ ଆପଣଙ୍ଗ ହାତରେ।

ମନ୍ତ୍ରୀ - ଛାମୁଁ ଜେମାମଣି ମତେ ଆପଣ ଧର୍ମ ସଂକଟରେ ପକାଇଲେ।

ପୁରୁଷୋତ୍ତମ - ସାଲ୍ୱା ନରସିଂହାର କନ୍ୟାକୁ ମୋ ସାମ୍ନାରୁ ନେଇଯାଅ ପାଲଟା ସିଂ।

ପଦ୍ମାବତୀ - ନା, ମୁଁ ଯିବିନି! ନ୍ୟାୟ ନ ମିଳିଲା ପର୍ଯ୍ୟନ୍ତ ମୁଁ ଏ ମଞ୍ଚରୁ ଘୁଞ୍ଚିବି ନାହିଁ। (ଦୃଢ ହୋଇ ଠିଆହେଲେ। ଆବହ ସଂଗୀତ)

ସେନାପତି - ଜେମାମଣି।

ପୁରୁଷୋତ୍ତମ - ମୁଁ ତୁମ ପିତା ନରସିଂହାଙ୍କ ବାକ୍ୟକୁ ନ୍ୟାୟ ଦେବାକୁ ଯାଉଛି ପଦ୍ମା। ସଲ୍ୱା ନରସିଂହ ପ୍ରତିଜ୍ଞା କରିଥିଲେ ଗୋଟାଏ ଚଣ୍ଡାଳ ସାଙ୍ଗରେ ତୁମର ବାହାଘର କରାଇବେ ନାହିଁ। କିନ୍ତୁ ସିଏ ଏବେ ଏକ ପରାଜିତ ବନ୍ଦୀ ଏବଂ କାଞ୍ଚିବିଜୟ ପରେ

ତୁମେ ବର୍ତ୍ତମାନ କଳିଙ୍ଗ ରାଜପ୍ରାସାଦରେ କ୍ରୀତଦାସୀ ସ୍ୱରୂପା । କେବଳ ଜଣେ ବିଜିତା ରାଜକନ୍ୟା । ସେଇଥିପାଇଁ ପଦ୍ମା ମୁଁ ତୁମକୁ ଚଣ୍ଡାଳ ହାତରେ ଦେବି ।

ପାର୍ବତୀ - ଏଇଟା ଯଦି ଜଣେ ଦିଗ୍‌ବିଜୟୀ ସୂର୍ଯ୍ୟବଂଶ ଗଜପତିର ନିଷ୍ପତ୍ତି ତାହେଲେ ଏହା ଘୋର ଦୁର୍ଭାଗ୍ୟର କଥା ପୁତ୍ର । କଳିଙ୍ଗ ଉତ୍କଳର ରାଜମାତା ରୂପ ତତେ ମୁଁ ପୁଣିଥରେ ଅନୁରୋଧ କରୁଛି । ନିଷ୍ପତ୍ତି ନେବା ପୂର୍ବରୁ ଆଉଥରେ ଚିନ୍ତା କର । ଏ ଭାରତ ଭୂଖଣ୍ଡରେ, କଳିଙ୍ଗର ଯେଉଁ ସୁନାମ ଅଛି ତାହା ଯେମିତି ନଷ୍ଟ ନହୋଇ ଯାଏ, ପ୍ରଜାମାନେ ଯେମିତି ନକୁହନ୍ତି , ଗଜପତି ଦ୍ରାବିଡ ସ୍ୱାଭିମାନକୁ ପଦାଘାତ କରିଛି ।

ପୁରୁଷୋତ୍ତମ - କ୍ଷମା କରିବେ ମାତାଶ୍ରୀ । ମୁଁ ଯୋଉ ନିଷ୍ପତ୍ତି ସେଇଟା ହିଁ କଳିଙ୍ଗ ସମ୍ରାଟର ଅନ୍ତିମ କଥା । ମହାମନ୍ତ୍ରୀ ! ସେନାପତି ! ମୋର ଆଦେଶ ଦ୍ରାବିଡ କନ୍ୟା ପଦ୍ମାବତୀକୁ ଚଣ୍ଡାଳୁଣୀ ପାହ୍ୟା ଦିଆଗଲା । ଆଜିଠୁ ମୋ ରାଜ୍ୟର ଚଣ୍ଡାଳୁଣି ରୂପେ ସିଏ କାଳଯାପନ କରିବେ । ରାଜା ହିସାବରେ ମୋର କର୍ତ୍ତବ୍ୟ ତାଙ୍କୁ ମୁଁ ରାଜ୍ୟର ଶ୍ରେଷ୍ଠ ଚଣ୍ଡାଳ ସାଙ୍ଗରେ ବିବାହ କରାଇବି । ଆପଣମାନେ ଆସି ପାରନ୍ତି । (କାହାଳୀ ଓ ଟ୍ରମ୍ପେଟ ବାଜିଲା ପୁରୁଷୋତ୍ତମ ପ୍ରସ୍ଥାନ କଲେ)

ପାର୍ବତୀ - ଭାଗ୍ୟ ମୋ ସାଙ୍ଗରେ ବିଚିତ୍ର ଖେଳ ଖେଳୁଛି ପ୍ରଭୁ । ମୁଁ ଜାଣିନି ଏ ଖେଳର ପରିଣାମ କଣ ହବ ।

(ସେନାପତି ପାର୍ବତୀଙ୍କୁ ନେଇ ଭିତରକୁ ଚାଲିଗଲେଣି । ସ୍ତମ୍ଭୀଭୂତ ହୋଇ ଦଣ୍ଡାୟମାନ ରହିଲେ ପକ୍ୱଶ୍ମଶ୍ରୁ / କୁଳବୃଦ୍‌ଧ ମହାମନ୍ତ୍ରୀ ଓ ପଦ୍ମାବତୀ କାନ୍ଦିକାନ୍ଦି ପ୍ରାର୍ଥନା କଲେ)

ପଦ୍ମାବତୀ - ହେ ବିଶ୍ୱେଶ୍ୱର ! ହେ ବିଶ୍ୱରୂପ । ଆପଣଙ୍କୁ ସ୍ୱଚକ୍ଷୁରେ ଦେଖିବାର ସୌଭାଗ୍ୟ କେବେ ପାଇନାହିଁ ପ୍ରଭୁ । ନା ମୁଁ ଆପଣଙ୍କ ଆଦି ନା ମଧ ନା ଅନ୍ତ, କୋଉଟା ହେଲେ

ଜାଣିନି। ଦୁର୍ଭାଗ୍ୟର ଅଥଳ ସମୁଦ୍ର ଭିତରେ ଆଜି ତମେ ମତେ ଭସେଇ ଦେଇଚ। ଏଇଠି ହିଁ ମୋର ମୃତ୍ୟୁ ହେବ, ତା ପୂର୍ବରୁ...ଆପଣଙ୍କ ଅସୀମ, ସଚରାଚର ବ୍ୟାପ୍ତ ବିଶାଳତାକୁ ବନ୍ଦନା କରିବାର ଟିକେ ଅବସର ଦିଅ ଠାକୁରେ। କୁହ ମୁଁ ବର୍ତ୍ତମାନ କଣ କରିବି ? (ବିକଳ ହୋଇ, କାନ୍ଦି କାନ୍ଦି) ମତେ ରକ୍ଷା କର ପ୍ରଭୁ। ସାଲ୍ୱା ନରସିଂହାଙ୍କର କୁଳ ମର୍ଯ୍ୟାଦାକୁ ରକ୍ଷା କର। (କାନ୍ଦ ଶେଷ ହେଲା ନାହିଁ।ଶାହାନାଇ ରେ ଦୁଃଖର ଆବେଗ। ଧୀରେ ଧୀରେ ପାଖକୁ ଆସିଲେ ବୃଦ୍ଧ ମନ୍ତ୍ରୀ। କାନ୍ଧକୁ ଛୁଇଁ ସାନ୍ତ୍ୱନା ଦେବି ବୋଲି ଭାବିଲେ। କିନ୍ତୁ ପାରିଲେ ନାହିଁ, ଫେରିଆସିଲେ)। ପଦ୍ମା ଏକନିଷ୍ଠ ହୋଇ କାନ୍ଦୁଛନ୍ତି।

(ଆବହ ସଂଗୀତ ବନ୍ଦ ହେଲା ପରେ)

ପଦ୍ମା - ହେ ପ୍ରଭୁ ଜଗନ୍ନାଥ ! ମୁଁ ତ କାଞ୍ଚି ନଗରରୁ ଆସିଚି। ତମ ପାଖରେ ସଂପୂର୍ଣ୍ଣ ଅପରିଚିତା। ତଥାପି ମୋ ଡାକ ତମେ ଶୁଣିଛ ଠାକୁରେ ! ଯେତେବେଳେ ଡାକିଛି, ତମେ ମୋ' ଗୁହାରୀ ଶୁଣିଛ। ଏବେ କାହିଁକି ମୋ' ଭାଗ୍ୟ ସାଙ୍ଗରେ ଲୁଚକାଳି ଖେଳୁଛ ପ୍ରଭୁ ? ଦେଖାଦିଅ ! ଦେଖାଦିଅ ଜଗନ୍ନାଥ, ଦେଖାଦିଅ।

(ହଠାତ୍ ମଞ୍ଚ ଅନ୍ଧାର ହେଲା। ନାରୀ କଣ୍ଠରେ ଶୁଭିଲା ଏକ ଶାସ୍ତ୍ରୀୟ ଆଳାପ। ତା'ସାଙ୍ଗରେ କୋରାଲ ହମିଂ। ଆକାଶରେ ବିଜୁଳି ଓ ଘଡଘଡି। ବିଜୁଳିର ତୀବ୍ର ଆଲୋକରେ ଦେଖାଦେଲେ ଜଗନ୍ନାଥ.. ତା ପରେ ଆସିଲେ ଆଉ ୪।୫ ଜଣ ଜଗନ୍ନାଥ। ପଦ୍ମାବତୀ ତାଙ୍କୁ ଛୁଇଁବାପରେ ଦୌଡିଲେ। ଜଗନ୍ନାଥମାନେ ପଦ୍ମାଙ୍କ ଚାରିପଟେ ଘୁରି ବୁଲିଲେ। କୋରାଲ ହମିଂର ଲୟ ଦ୍ରୁତ ହେଲା। ହଠାତ୍ ଆଳାପ ବନ୍ଦ ହେଲା। ମାଇକ୍ରୋଫୋନ୍‌ରେ ପ୍ରତିଧ୍ୱନିତ (Echo) ହେଲା ଜଗନ୍ନାଥଙ୍କ ସ୍ୱର)

ପ୍ରଚ୍ଛଦ ସ୍ୱର - ଧ' ମତେ, ଧରିବୁ ପରା ଧ' ମତେ ! (ନାରୀ କଣ୍ଠରେ

ଆଳାପ) କିଲୋ ମୁଁ ପରା ତୋ' ଚାରିଆଡେ.. ଆଗରେ ପଛରେ ସବୁଆଡେ ! ମତେ ଛୁଇଁ ପାରୁନାହୁଁ ? ଏଇ ଦେଖ ମୁଁ ତୋର ଆଲୁଅ ଅନ୍ଧାରର ଛାଇ... ମୁଁ ତୋ' ଜଠରର ଅନ୍ଧାର। ତୋ'ଭୋକ ଆଉ ଶୋଷ ପଛରେ ଲୁଚିଛି ପଦ୍ମା ! ଆଖିରେ ଅନ୍ଧପୁଟୁଳି ବାନ୍ଧି ମତେ କଣ ଖୋଜୁଛୁ ? ଦେଖ... ତୋ' ଆଖି ମିଟିକା ଆଢୁଆଳରେ... ତୋ' ନିଶ୍ୱାସର ଫାଙ୍କ ଭିତରେ ମୁଁ ଲୁଚିଛି।

ପଦ୍ମା - ନାଇଁ ଠାକୁରେ ! ମୋ ଭିତର ଆଖିରେ ପରଳ ମାଡିଯାଇଛି। ତମକୁ ମୁଁ ଦେଖିପାରୁନାହିଁ ପ୍ରଭୁ। କଳିଙ୍ଗର ପାଟରାଣୀ ହେବାର ସ୍ୱପ୍ନ ବୁଦବୁଦ୍ ପରି ମିଳେଇ ଗଲା । (କୋରାଲ ହମିଂ ସହ ଆଳାପ) ସତରେ ମୁଁ କଣ ଏଇଠି ବନ୍ଦିନୀ ହେଇ ରହିବି ପ୍ରଭୁ ? ସତରେ କଣ ମୁଁ ଗୋଟେ ଚଣ୍ଡାଳକୁ ବାହାହେବି ? (ଚିତ୍କାର କର) ନା ! ଅସମ୍ଭବ(କ୍ରାସ ଶବ୍ଦ। ହଠାତ୍ ଆଲୁଅ ଆସିଲା ବେଳକୁ ଜଗନ୍ନାଥ ମାନେ ଅଦୃଶ୍ୟ। ହଠାତ୍ ମଞ୍ଚ ଅନ୍ଧାର ହେଲା)

ପଞ୍ଚଦଶ ଦୃଶ୍ୟ

ଏଲ.ଇ.ଡି ପରଦାରେ ରଥଯାତ୍ରା, ଆଲୋକ ଆସିଲା ରଥ ଉପରେ। ଅନ୍ଧାର ଭିତରେ ବାଜିଲା ପହଣ୍ଡି ବାଜା। ବଜଂତ୍ରୀ ଓ ଭାଟ ପ୍ରଭୃତି ଉପସ୍ଥିତ। ଦେବଦାସୀ ନୃତ୍ୟ କରୁଛନ୍ତି। ମୁଦିରସ୍ତେ ଅଛନ୍ତି। ବଡପଣ୍ଡା ପ୍ରବେଶ କରି -

ବଡପଣ୍ଡା - ମୁଦିରସ୍ତେ ! ବିଳମ୍ବ କେତେ ଆଉ ? ଛେରା ପହଁରା ସମୟ ହେଇଗଲା। ପହଣ୍ଡି ବିଜେ ସଇଲାଣି। ମହାରାଜାଙ୍କୁ ଖବର ଗଲା ?

ମୁଦିରସ୍ତ - ପାଗ ଲାଗି ବଢୁଛି। ଟାମ୍‌ଜାନ ଗଲାଣି। ବିଜେ ହେବେ। ସବୁ ଠିକଣା ଅଛି।

(ଭାଟର ଘୋଷଣା)

ଭାଟ - ସାବଧାନ ! ଛାମୁ ଛାଡ ।

ମନ୍ତ୍ରୀ - ମହାମହିମ ସମ୍ରାଟ । ଏ ମନ୍ତ୍ରୀ ରାଜ ଅନ୍ନରେ ପ୍ରତିପାଳିତ ଛାମୁ । କେବେହେଲେ ସିଂହାସନ ପ୍ରତି ଅବମାନନା କରିନାହିଁ । ଏ ଦାସ କେବଳ ଛାମୁ ଆପଣଙ୍କର ଆଦେଶ ହିଁ ପାଳନ କରିଛି । ଅନ୍ନଦ୍ରୋହୀ ହେଲେ ଆପଣଙ୍କ ଆଦେଶ ଅବମାନନା କରିପାରିବି ନାହିଁ ।

ପୁରୁଷୋତ୍ତମ - ପଦ୍ମାବତୀଙ୍କୁ ଚଣ୍ଡାଳ ହସ୍ତରେ ଅର୍ପଣ କରିବାକୁ ମୁଁ ଆଦେଶ କରିଥିଲି, ମନେଅଛି ?

ମନ୍ତ୍ରୀ - ସବୁ ମନେଅଛି ମହାରାଜ ! ଆପଣଙ୍କ ଆଦେଶ ଅକ୍ଷରେ ଅକ୍ଷରେ ପାଳନ କରିଛି । କୁହନ୍ତୁ ଛାମୁ, କୁହନ୍ତୁ ଉପସ୍ଥିତ ରାଜନ୍ୟ ମଣ୍ଡଳୀ ? ଜଗତ୍‌ପିତା ଜଗବନ୍ଧୁଙ୍କର ଦ୍ୱାହି ଦେଇ ଆଜି ଏଇ ସମବେତ ଜନତା କୁହ -ଏ ଦୀନହୀନ ବେଶରେ ଆପଣ -କରରେ ସମାର୍ଜନୀ...କୁହନ୍ତୁ ଆପଣ କିଏ ? ଛାମୁ ଆଜି ସେଇ ବୀର ଶ୍ରୀ ଗଜପତି ଗୌଡେଶ୍ୱର ନବକୋଟି କର୍ଣ୍ଣାଟୋତ୍କଳ କଳବର୍ଗେଶ୍ୱର ଛତ୍ରପତି ସମ୍ରାଟ -ନା ଚଣ୍ଡାଳ ?

ଉତ୍କଳର ଗଜପତି ମହାରାଜାଙ୍କର ଆଦେଶ ଥିଲା - ପଦ୍ମାବତୀ ଚଣ୍ଡାଳ ହାତରେ ସମର୍ପିତା ହେବେ । ମହାରାଜ କ'ଣ ଅସ୍ୱୀକାର କରିବେ, ଏଇ ବେଶରେ ଆଜି ଏଇ ଶ୍ରୀଗୁଣ୍ଡିଚା ଦିବସରେ ସେଇ ଚଣ୍ଡାଳର କାର୍ଯ୍ୟ କରିବାକୁ ସ୍ୱୟଂ ପ୍ରସ୍ତୁତ ନୁହନ୍ତି ବୋଲି ? ଏଥିରେ ଯଦି ମୋର ଅପରାଧ ହୁଏ -ଏ ପକ୍ୱ କେଶ ମଣ୍ଡିତ ଶିର ଉପହାର ଦେବାକୁ ମୁଁ ପ୍ରସ୍ତୁତ ଛାମୁଁ । (ମୁଣ୍ଡ ନୁଆଁଇଲେ)

ପୁରୁଷୋତ୍ତମ - ଆପଣ ଚତୁର ମହାମନ୍ତ୍ରୀ ।

ମନ୍ତ୍ରୀ - ଏହା କେବଳ ଗଜପତିଙ୍କ ଅନ୍ନର ଗୌରବ ଛାମୁଁ । ତେଣୁ

ଏ ବୃଦ୍ଧ ବୟସରେ ମୁଁ ଆଉ ଗୋଟେ କାର୍ଯ୍ୟ କରୁଛି । ପ୍ରଭୁ ଜଗନ୍ନାଥଙ୍କୁ ସାକ୍ଷୀ ରଖି, ଆଜି ପବିତ୍ର ଶ୍ରୀଗୁଣ୍ଡିଚା ଦିବସରେ -ସର୍ବ ସମକ୍ଷରେ ମୁଁ ରାଜକନ୍ୟା ପଦ୍ମାବତୀଙ୍କ ହସ୍ତ (ପଦ୍ମାବତୀଙ୍କ ହାତ ଧରି) ଆପଣଙ୍କ ଶ୍ରୀଚଣ୍ଡାଳ ଶ୍ରୀହସ୍ତରେ ସମର୍ପଣ କରୁଛି । ଆଜି ବିଜୟନଗରର ମହାରାଜା ସାଲ୍ଵା ନରସିଂହା ଏଠାରେ ଉପସ୍ଥିତ ନାହାନ୍ତି, ତାଙ୍କ ତରଫରୁ ମୁଁ ପଦ୍ମାବତୀଙ୍କୁ କନ୍ୟାଦାନ କରୁଛି ଛାମୁ । ଗ୍ରହଣ କରିବା ହୁଅନ୍ତୁ । ଜୟ ଜଗନ୍ନାଥ, ଜୟ ପତିତପାବନ -ଜୟ ଶରଣ ପଞ୍ଜର ମହାବାହୁଙ୍କର ଜୟ ହେଉ । ହରିବୋଲ ।

(ପ୍ରଚ୍ଛଦରୁ ଜନତାର ହରିବୋଲ ସ୍ଵରରେ ମଞ୍ଚ ଗୁଞ୍ଜରିତ ହେଲା । କାହାଳୀ ଓ ତେଲିଙ୍ଗି ବାଜା ବାଜିଲା । ପୁଷ୍ପ ବୃଷ୍ଟି ହେଲା ।)

(ମଞ୍ଚ ଅନ୍ଧାର)

BLACK EAGLE BOOKS

www.blackeaglebooks.org
info@blackeaglebooks.org

Black Eagle Books, an independent publisher, was founded as a nonprofit organization in April, 2019. It is our mission to connect and engage the Indian diaspora and the world at large with the best of works of world literature published on a collaborative platform, with special emphasis on foregrounding Contemporary Classics and New Writing.

www.ingramcontent.com/pod-product-compliance
Lightning Source LLC
Chambersburg PA
CBHW060620080526
44585CB00013B/915
* 9 7 8 1 6 4 5 6 0 6 7 8 9 *